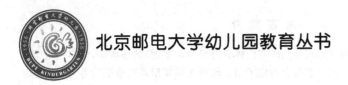

北京邮电大学幼儿园教育丛书

幼儿园室外体育游戏活动案例

主编 王晓彤 顾艺文

北京邮电大学出版社
www.buptpress.com

内 容 简 介

《幼儿园室外体育游戏活动案例》是《幼儿园室内体育游戏活动案例》的姊妹篇，两本书可谓一内一外，相得益彰，相映成趣，在时间和空间上构成了幼儿园幼儿体育活动的全部内容。本书是北京邮电大学幼儿园在课题研究的基础上，专业智慧与力量的再次迸发。本书汇总了小班、中班、大班共 96 个游戏案例，凸显了幼儿基本动作（如跑、跳、投掷、钻爬、平衡等）的发展对幼儿成长的重要价值，旨在丰富多彩的室外体育游戏活动中提高幼儿机体活力，促进幼儿生长发育和身体健康，培养幼儿的想象力、注意力、创造力、思维能力及对空间和时间的判断力，以及幼儿活泼、开朗的性格和勇敢、团结协作的品质等。

图书在版编目（CIP）数据

幼儿园室外体育游戏活动案例 / 王晓彤，顾艺文主编． - - 北京：北京邮电大学出版社，2023.11

ISBN 978-7-5635-7059-1

Ⅰ．①幼…　Ⅱ．①王…②顾…　Ⅲ．①体育游戏－学前教育－教学参考资料　Ⅳ．①G613.7

中国国家版本馆 CIP 数据核字（2023）第 213976 号

策划编辑：刘纳新　姚　顺　　责任编辑：廖　娟　　责任校对：张会良　　封面设计：七星博纳

出版发行：北京邮电大学出版社
社　　　址：北京市海淀区西土城路 10 号
邮政编码：100876
发 行 部：电话：010-62282185　传真：010-62283578
E-mail：publish@bupt.edu.cn
经　　　销：各地新华书店
印　　　刷：北京虎彩文化传播有限公司
开　　　本：720 mm×1 000 mm　1/16
印　　　张：18.75
字　　　数：399 千字
版　　　次：2023 年 11 月第 1 版
印　　　次：2023 年 11 月第 1 次印刷

ISBN 978-7-5635-7059-1　　　　　　　　　　　　　　定价：49.00 元

·如有印装质量问题，请与北京邮电大学出版社发行部联系·

让孩子现在快乐、未来幸福

　　《中共中央关于制定国民经济和社会发展第十四个五年规划和二〇三五年远景目标的建议》指出:"建设高质量教育体系。全面贯彻党的教育方针,坚持立德树人,加强师德师风建设,培养德智体美劳全面发展的社会主义建设者和接班人。"2021年《政府工作报告》为教育"划了重点":发展更加公平更高质量的教育。如何尊重教育规律,提升教育质量,以及如何实施科学的保教,促进儿童健康、和谐、全面发展,为其一生的可持续发展夯实基础,是摆在每一个学前工作者面前的重要命题。

　　《幼儿园教育指导纲要(试行)》(以下简称《纲要》)指出:"健康领域的活动要充分尊重幼儿生长发育的规律,严禁以任何名义进行有损幼儿健康的比赛、表演或训练等。"北京邮电大学幼儿园团队以健康教育为突破路径,在教育教学实践中,在把握幼儿动作发展特点的基础上,设计并开展各类体育游戏,并将其作为教师开展优质体育活动的重要路径,凸显幼儿基本动作(如"跑、跳、投掷"等)的发展对幼儿成长的重要价值,旨在丰富多彩的体育游戏活动中增强幼儿机体活力,促进幼儿生长发育和身体健康,培养幼儿的想象力、注意力、创造力、思维能力及对空间和时间的判断力,使幼儿具备活泼、开朗的性格和勇敢、团结协作的品质等。

　　《3—6岁儿童学习与发展指南》(以下简称《指南》)指出:"幼儿的学习是以直接经验为基础,在游戏和日常生活中进行的。"北京邮电大学幼儿园教研管理团队发现,有些教师在设计和实施体育游戏时存在许多问题,如教师对各年龄段幼儿"跑、跳、投掷"等动作的特点、体育游戏指导策略的理解不够深入,尺度把握不准,导致设计的游戏形式单一,趣味性不强,在游戏过程中有些教师指导不到位等,打击了幼儿参与体育游戏的积极性,导致其动作发展水平偏低。北京邮电大学幼儿园教研管理团队在发现问题的基础上开展了"各年龄段幼儿'跑、跳、投掷'游戏特点及指导策略"的课题研究,并在研究的基础上,提炼并总结形成了该书。

　　如果说《幼儿园室内体育游戏活动案例》是在不断实践、反复思考的基础上凝结而成的成果,那么《幼儿园室外体育游戏活动案例》则是作者在课题研究的基础上,专业智慧与力量的再次迸发。北京邮电大学幼儿园开展的"各年龄段幼儿'跑、跳、投掷'游戏特点及指导策略"课题研究,依据《纲要》和《指南》,立足于该园幼儿体育活动中的实际问题,聚焦幼儿动作能力的发展,研究目标明确、思路清晰、方法得当,具有十分重要的实践意义。首先,该课题对小班、中班、大班三个年龄段幼儿在各种动作发展方面的特点进行了细致研究,以此帮助教师科学、有效地设计符合幼儿年龄和身心发展特点的体育游戏活动,并依据一定数据分析形成了有针对性的教育活动。其次,在课题研究过程中,该课题注重激发幼儿的自主探索精神,并以关注幼儿活动后的实施效果为基础,不断调整活动内容。最后,该课题在科学投放材料、创设游戏情景、设计游戏内容等方面进行了案例梳理和园本课程的实践探索及总结,"坐标游戏编排法"等策略对于提升幼儿的运动兴趣和促进幼儿的体能发展均起到了很好的效果。

总之,《幼儿园室内体育游戏活动案例》《幼儿园室外体育游戏活动案例》两本书可谓一内一外,相得益彰,相映成趣,在时间和空间上构成了幼儿园幼儿体育活动的全部内容。愿我们在促进幼儿身心健康的丰富多彩的活动中,实现"让幼儿现在快乐,未来幸福"的职业承诺,为幼儿终身发展奠定良好的基础,许幼儿一个美好且可持续发展的未来。

苏婧
北京教育科学研究院早期教育研究所所长
曾任学前教育杂志社社长
兼任北京幼儿园女园长协会会长
中国学前教育研究会常务理事
北京教育学会学前教育研究会秘书长

前　言

习近平总书记多次寄语少年儿童："身体是人生一切奋斗成功的本钱，少年儿童要注意加强体育锻炼，家庭、学校、社会都要为少年儿童增强体魄创造条件，让他们像小树那样健康成长。"

《3—6岁儿童学习与发展指南》明确指出："幼儿阶段是儿童身体发育和机能发展极为迅速的时期，也是形成安全感和乐观态度的重要阶段。"幼儿园是儿童健康成长与全面发展的重要教育场所，幼儿期的儿童各方面的发展都还不完善，如生理机能、心理机能、社会性等，这就决定了必须把健康教育放在幼儿园教育中的首位。本书从身体素质和身体适应的角度提出了幼儿在大肌肉动作方向的发展目标，以在体育活动中培养幼儿坚强、勇敢、不怕困难的品质和主动、乐观的态度。可见体育游戏活动在学前教育中的特殊性和重要性，体育游戏活动对幼儿身心和谐发展的促进作用是其他教育形式所不能替代的。如何在体育活动中创设适宜有趣、贴近幼儿生活的情景，使幼儿在愉快的角色扮演、丰富的游戏活动中强身健体，为幼儿一生的可持续发展奠定良好的体能素质基础是北京邮电大学幼儿园体育教研组每一位教师一直思考和研究的问题。

北京邮电大学幼儿园将健康教育放在首位，遵循幼儿身心发展规律，尊重幼儿年龄特点和学习特点，以游戏的形式开展丰富多彩的体育活动，逐渐成为健康领域特色园。五年来，通过不断实践、反思研讨，北京邮电大学幼儿园总结并整理出了一套适合小班、中班、大班三个年龄段幼儿的户外运动游戏方案。

《幼儿园室外体育游戏活动案例》是在"十三五"课题"各年龄段幼儿'跑、跳、投掷'游戏特点及指导策略"研究的基础上，把课题作为实践推进的抓手，把解决问题作为实践的目标与导向而形成的教研成果。室外体育课程在实践中既可体现基本动作的纵向发展和横向关联，又关注幼儿学习和发展的整体性；既注重领域之间的相互渗透和整合，又重视幼儿的学习品质培养同时尊重幼儿个体差异，提供差异化的材料和个别化的指导，支持和引导幼儿按照自身的速度和方式从原有水平向更高的水平发展。北京邮电大学幼儿园体育教研人员充分发挥体育游戏的独特价值，在反复实践中大胆行动、小心求证、持续探索、复盘反思，不断调整完善，逐步形成了以"跑、跳、投掷、钻爬、平衡"五大基本动作为核心的室外体育游戏园本课程。

本书只是一个"引子",希望引起更多幼教同行对室外体育游戏活动进行思考,并且根据自己幼儿园的实际情况及幼儿发展水平,设计出生动有趣、形式多样、科学有效的体育游戏活动,并在课程实践中通过体质测评、数据分析进行经验总结,剖析幼儿在运动中的心情、动机、态度和水平,解读幼儿行为背后的意义,并做出适度的调整,为祖国培养更多身心健康、富有创造力、阳光自信的现代中国娃。

在此感谢编委郝晓生、付晓波、王诗傑以及案例实践者陈亚波、张兰、田晓华、郭莹、马兴利、李亚琪、张利婷、雷慧、崔莹莹。由于编者水平有限,书中不妥和错误之处在所难免,恳请广大读者批评指正。

王晓彤
北京邮电大学幼儿园园长

目　　录

第一章　小班室外体育游戏活动案例 ………………………… 1

第一节　轨道铠铠车 ………………………………………… 1
第二节　串糖葫芦 …………………………………………… 4
第三节　时空穿越 …………………………………………… 7
第四节　"炸弹"来啦 ……………………………………… 11
第五节　过小桥 ……………………………………………… 14
第六节　小熊送饼干 ………………………………………… 18
第七节　蚂蚁特工队 ………………………………………… 21
第八节　小乌龟过隧道 ……………………………………… 25
第九节　小老鼠运鸡蛋 ……………………………………… 29
第十节　篮球宝宝 …………………………………………… 32
第十一节　小老鼠运粮食 …………………………………… 36
第十二节　小小火炬手 ……………………………………… 39
第十三节　小红军过沼泽 …………………………………… 43
第十四节　小鲤鱼跃龙门 …………………………………… 46
第十五节　机器人传球 ……………………………………… 50
第十六节　小猫和巫婆 ……………………………………… 53
第十七节　勤劳的小兔子 …………………………………… 56
第十八节　豌豆射手 ………………………………………… 59
第十九节　小海狮练本领 …………………………………… 62
第二十节　小小搬运工 ……………………………………… 65
第二十一节　小小特种兵 …………………………………… 69

第二十二节　小小捕蝶手 ·· 72

第二十三节　小骑手 ·· 75

第二十四节　小鱼竞速赛 ·· 78

第二十五节　后羿射日 ··· 81

第二十六节　小心,大鳄鱼 ·· 83

第二十七节　跨栏冠军 ··· 87

第二十八节　水果沙拉 ··· 89

第二十九节　地鼠小精灵 ·· 92

第三十节　魔法精灵 ·· 95

第三十一节　多足怪 ·· 98

第三十二节　海上历险记 ··· 100

第二章　中班室外体育游戏活动案例 ······························ 103

第一节　分秒必争 ·· 103

第二节　袋鼠特工队 ··· 106

第三节　攻占碉堡 ·· 109

第四节　躲避外星人 ··· 112

第五节　拯救队友 ·· 115

第六节　套圈圈 ··· 118

第七节　骑马打仗 ·· 121

第八节　战狼突击队 ··· 124

第九节　自由贸易 ·· 127

第十节　交换礼物 ·· 130

第十一节　超级火箭 ··· 133

第十二节　眼镜蛇部队 ·· 136

第十三节　蘑菇军团 ··· 139

第十四节　巧克力豆 ··· 142

第十五节　趣味跑跑跑 ·· 145

第十六节　机械传送带 ·· 149

第十七节　小青蛙跳荷叶 ··· 151

第十八节 倒车,请注意	154
第十九节 好朋友	157
第二十节 霸王龙	159
第二十一节 颜色碰碰对	162
第二十二节 小神龙学本领	165
第二十三节 骑士投手	167
第二十四节 开心青蛙发电报	170
第二十五节 套圈移动	172
第二十六节 太空漫步	176
第二十七节 奔跑吧,兄弟	179
第二十八节 花式接力	182
第二十九节 打保龄球	185
第三十节 火箭炮	188
第三十一节 闪电飞侠	191
第三十二节 三只小猪盖房子	193

第三章 大班室外体育游戏活动案例 … 197

第一节 跑过彩虹桥	197
第二节 弹跳小将	200
第三节 飞碟,去哪了	203
第四节 勇敢的小伞兵	206
第五节 双脚弹球赛	208
第六节 超级快递	211
第七节 炸弹小子	214
第八节 蜘蛛勇士	217
第九节 超级餐厅	220
第十节 疯狂躲避	223
第十一节 聪明的商人	225
第十二节 勤劳的快递员	228
第十三节 拯救队友	231

第十四节　快速反应 …… 234
第十五节　挖地雷 …… 237
第十六节　传送带 …… 240
第十七节　闯关小勇士 …… 242
第十八节　青蛙特工队 …… 245
第十九节　兔子也疯狂 …… 247
第二十节　搬家比赛 …… 251
第二十一节　创意拼图 …… 254
第二十二节　糖果娃娃 …… 257
第二十三节　虎大王 …… 260
第二十四节　网中飞盘 …… 263
第二十五节　夹球高手 …… 266
第二十六节　滚车轮 …… 269
第二十七节　撑杆小勇士 …… 272
第二十八节　红绿灯 …… 275
第二十九节　标枪比赛 …… 278
第三十节　鳄鱼球散步 …… 281
第三十一节　吱吱鞋大作战 …… 284
第三十二节　急速海绵棒 …… 286

第一章 小班室外体育游戏活动案例

第一节 轨道铛铛车

一、活动目标

（1）掌握双腿夹物向前行进跳与直线两侧行进跳的技能。
（2）增加下肢肌肉力量。
（3）愿意参加体育活动，感受和同伴一起玩游戏的快乐。

二、活动重点

掌握双腿夹物向前行进跳与直线两侧行进跳的技能。

三、活动难点

双脚连续跳时，保持双腿并拢不分开。

四、活动准备

（1）经验准备：有双脚连续跳的经验。
（2）物质准备。
① 场地：用胶带贴出起点线和终点线，两条线相距10米，起点线和终点线各长8米。
② 器械：泡沫面条、连接器。

五、活动过程

（一）开始部分

教师通过儿歌的形式调整幼儿站位，边说边调整幼儿站位，引导幼儿保持间隔

距离四散站好。

(1) 师:"伸伸手,排排队,位置不够往后退!"

师:"手打开,转一转,位置不够两边散!"

(2) 热身操:播放热身音乐,教师和幼儿一起跳热身操。

(3) 队列准备:教师带领幼儿排成一排,站在起点线上。

(二)基本部分

1. 创设情境,导入活动

教师导入游戏环节:"今天,老师要带小朋友们去秋游了,可是走着去太累了,我们'骑马'去吧!小骑士们,你们胸前的标志是什么颜色?快找到和它颜色一致的'小马'吧!"幼儿根据胸前标志的颜色找到对应颜色的泡沫面条,即"小马",并"骑马"回到老师身边(泡沫面条共需三种颜色,便于幼儿后续按照颜色拼接轨道)。

2. 游戏:轨道铛铛车

第一关:"骑马"去找车站

游戏规则: 师:"现在每个人都找到了自己的'小马',让我们找找车站在哪里,一起出发吧!"教师和幼儿一起玩游戏,双腿夹着泡沫面条,连续向前跳,如图1-1-1所示。

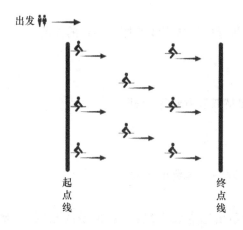

图1-1-1

游戏示范: 教师先做一次示范,然后带领所有幼儿一起出发。

注意事项: 幼儿骑"小马"的时候,手要抓住泡沫面条的一端。

师:"刚才'骑马'去车站,速度有点慢,我们换一种交通工具吧,坐着轨道铛铛车去下一站。地面上已经铺好了三条不同颜色的地基,让我们在地基上铺设轨道吧!"教师引导幼儿把泡沫面条按照对应的颜色一根一根连接起来形成轨道,辅好之后,引导幼儿走到轨道开始的一端。

师:"轨道已经铺好了,非常结实,我们一起出发吧!"

第二关:向前开轨道铛铛车,找到秋游的目的地

游戏规则:教师双腿打开骑在泡沫面条上面,跳跃前进,幼儿跟在教师的后面,一个跟着一个,教师与幼儿一起跳到轨道的尽头,找到对应的站牌后,从右侧跑回起点线处等待下一趟轨道铛铛车,如图 1-1-2 所示。教师带领幼儿坐车开往不同的目的地,每到一站用游戏化的口吻报站名,例如:明光桥站到了,请下车;枫蓝国际站到了,请下车;杏坛路站到了,请下车。

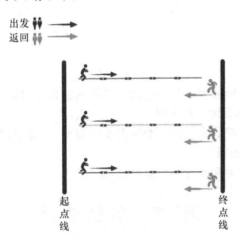

图 1-1-2

游戏示范:教师走在最前面,带领所有幼儿一起出发。

注意事项:在幼儿跳跃时,教师要不时地报站名,最好是幼儿园附近的公交站名(能引起幼儿的共鸣),终点站站名可以是幼儿园或者本班的名称。

第三关:直线两侧向前跳开轨道铛铛车

游戏规则:师:"刚才,轨道铛铛车开得非常棒!现在我们要用新的方法开往终点站动物园,让我们一起来试试吧!"教师先做一次示范,双脚同时起跳,跳到轨道的一侧,然后再跳回来,幼儿在教师的后面一个跟着一个跳跃前进,每个幼儿往返两次,如图 1-1-3 所示。

游戏示范:教师在最前面跳跃,三名教师带领三组幼儿一起出发。

注意事项:主课教师和配课教师应关注腿部力量较弱的幼儿,并给予帮助和指导。

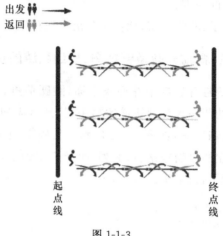

图 1-1-3

(三) 结束部分

(1) 活动小结:教师带领幼儿一起回顾掌握的新技能,即双腿夹物向前行进跳和直线两侧行进跳,简单总结活动情况。

(2) 放松活动:组织幼儿找到一个好朋友面对面、手拉手,教师播放放松操音乐,教师和幼儿一起跳放松操。

(3) 整理器械:教师和幼儿一起整理器械。

第二节　串糖葫芦

一、活动目标

(1) 掌握手膝爬、手脚爬的动作技巧。
(2) 提高身体的协调性及前庭平衡感。
(3) 愿意参加体育活动,体验和同伴一起游戏的乐趣。

二、活动重点

掌握手膝爬、手脚爬的动作技巧。

三、活动难点

能身体协调地快速爬,爬的时候不偏离方向。

四、活动准备

(1) 经验准备:有爬的经验。

（2）物质准备。

① 器械：溜溜布（宽）。

② 器械摆放：将溜溜布平铺在地上。

五、活动过程

（一）开始部分

教师通过儿歌的形式调整幼儿站位，边说边调整幼儿站位，引导幼儿保持间隔距离四散站好。

（1）师："伸伸手，排排队，位置不够往后退！"

师："手打开，转一转，位置不够两边散！"

（2）热身操：播放热身音乐，教师和幼儿一起跳热身操。

（3）队列准备：教师带领幼儿排成一排，站在溜溜布上的起点线处。

（二）基本部分

1. 创设情境，导入活动

教师导入游戏环节：今天，老师要带着小朋友们做一串长长的糖葫芦，在串起来之前，我们先来洗洗红果子。

2. 游戏：串糖葫芦

第一关：洗洗红果子

游戏规则：幼儿从起点线开始在溜溜布上手膝爬，到达终点线后从右侧跑回起点线。每个幼儿爬五次，如图1-2-1所示。

游戏示范：教师请幼儿手和膝盖触地，在溜溜布上爬。

注意事项：教师要注意幼儿之间的距离。

图 1-2-1

第二关:给红果子蘸点糖

游戏规则:幼儿横躺在溜溜布上,侧翻滚到终点线后从右侧跑回起点线。每个幼儿往返四次,如图 1-2-2 所示。

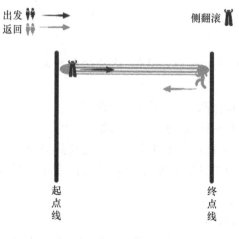

图 1-2-2

游戏示范:教师示范侧翻滚,双手举过头顶,用腰腹发力翻滚。
注意事项:所有幼儿头和脚的方向要一致。

第三关:串糖葫芦

游戏规则:教师将溜溜布折叠成 20 厘米宽,让幼儿骑跨在溜溜布上,用手脚爬行前进,到终点线后从右侧跑回起点线。幼儿依次出发,每个幼儿往返三次,如图 1-2-3 所示。
游戏示范:教师先示范一次,然后开始游戏。
注意事项:教师要注意幼儿之间的距离。

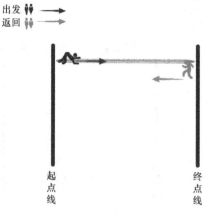

图 1-2-3

第四关:反串糖葫芦

游戏规则:请幼儿从起点线开始在溜溜布上手膝爬,到达终点后从右侧跑回起点。每个幼儿爬五次,如图 1-2-4。

游戏示范:教师请幼儿手和膝盖触地,在溜溜布上爬。

注意事项:教师注意幼儿之间的间距。

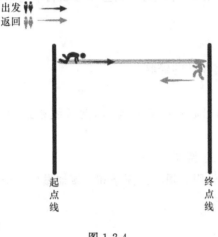

图 1-2-4

(三)结束部分

(1)活动小结:教师带领幼儿一起回顾掌握的新技能,即手膝爬和手脚爬,简单总结活动情况。

(2)放松活动:组织幼儿找到一个好朋友面对面、手拉手,教师播放放松操音乐,教师和幼儿一起跳放松操。

(3)整理器械:教师和幼儿一起整理器械。

第三节 时空穿越

一、活动目标

(1)掌握直线跑和钻的动作技巧。

(2)提高身体的协调性和灵敏性。

(3)愿意参加体育活动,感受游戏带来的快乐。

二、活动重点

能协调地钻过障碍物且不触碰障碍物。

三、活动难点

在直线跑的过程中能及时降速,并调整姿势顺利钻过障碍物。

四、活动准备

(1) 经验准备:有跑和钻的经验。

(2) 物质准备。

① 场地:用胶带贴出起点线和终点线,两条线相距10米,起点线和终点线各长8米。

② 器械:泡沫面条、连接器。

③ 器械摆放:教师先用5根泡沫面条和连接器做出一个大圆圈,放在一旁备用。

五、活动过程

(一) 开始部分

教师通过儿歌的形式调整幼儿站位,边说边调整幼儿站位,引导幼儿保持间隔距离四散站好。

(1) 师:"伸伸手,排排队,位置不够往后退!"

师:"手打开,转一转,位置不够两边散!"

(2) 热身操:播放热身音乐,教师和幼儿一起跳热身操。

(3) 队列准备:男孩和女孩排成一排,站在起点线上。

(二) 基本部分

1. 创设情境,导入活动

教师导入游戏环节:"今天,我们要玩一个穿越时空的游戏!"

2. 游戏:时空穿越

第一关:穿越到太空

游戏规则: 师:"我们穿越到哪呢?我们去火星吧。"请其他两位教师帮忙把准备好的大圆圈立起来,教师问幼儿:"我们要怎么过去呢?"请幼儿说一说,然后教师带领幼儿一起跑着穿越(钻)过去,再穿越(钻)回来,往返三次,如图1-3-1所示。

游戏示范：教师先做一次示范，然后带领幼儿出发。

注意事项：人数多要分组出发。每次出发时，教师都要说不同的地点。

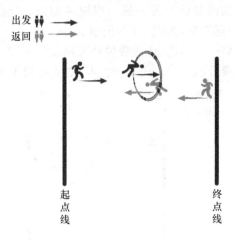

图 1-3-1

第二关：穿越到动物园

游戏规则：师："这么大的圆圈，穿越（钻）过去太简单了吧？"教师去掉一根泡沫面条，大圆变小了。教师带领男孩们先穿越（钻）过去，然后大声说："女孩们，请过来吧！"女孩们听到后再穿越（钻）过去。往返三次，如图 1-3-2 所示。

游戏示范：教师先做一次示范，然后带领幼儿出发。

注意事项：人数多要分组出发。每次出发时，教师都要说不同的地点。

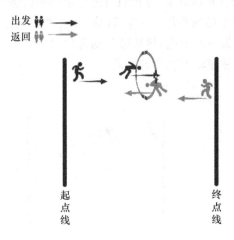

图 1-3-2

第三关:穿越到动物家里做客

游戏规则:在第二关的基础上再去掉一根泡沫面条。玩法同上,教师要问问幼儿圆圈有什么变化。往返三次,如图 1-3-3 所示。

游戏示范:教师先做一次示范,然后带领幼儿出发。

注意事项:人数多要分组出发。每次出发时,教师都要说不同的地点。

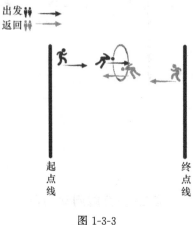

图 1-3-3

第四关:穿越到游乐场

游戏规则:在第三关的基础上再去掉一根泡沫面条,教师要问问幼儿圆圈有什么变化。这时,只剩下两根泡沫面条了。师:"圆圈越来越小了,小朋友们还能穿越(钻)过去吗?"请幼儿变成一列长长的火车,鱼贯而行地穿越(钻)过去。教师请幼儿给自己鼓掌,说:"太厉害了,这么小的圆圈都可以穿越(钻)过去。"往返三次,如图 1-3-4 所示。

游戏示范:教师先做一次示范,然后带领幼儿出发。

注意事项:教师应注意幼儿之间的距离。

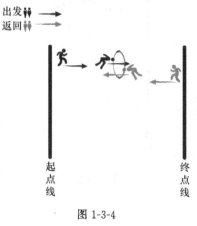

图 1-3-4

第五关：穿越到超市

游戏规则：在第四关的基础上再去掉一根泡沫面条。师："现在还剩下几根泡沫面条呢？对，只剩下一根了，哪个小朋友能穿越（钻）过去呢？"教师引导幼儿一个一个地穿越（钻）过去，如图1-3-5所示。成功后，教师和每个幼儿击掌。

游戏示范：教师先做一次示范，然后带领幼儿出发。

注意事项：教师应注意幼儿之间的距离。

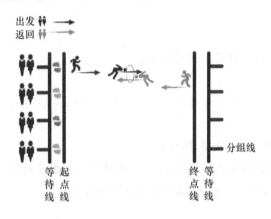

图1-3-5

（三）结束部分

(1) 活动小结：教师带领幼儿一起回顾掌握的新技能，即直线跑和钻，简单总结活动情况。

(2) 放松活动：组织幼儿找到一个好朋友面对面、手拉手，教师播放放松操音乐，教师和幼儿一起跳放松操。

(3) 整理器械：教师和幼儿一起整理器械。

第四节 "炸弹"来啦

一、活动目标

(1) 掌握闪避躲球的技能。

(2) 提高敏捷性和反应能力。

(3) 愿意参加体育游戏，感受游戏带来的快乐。

二、活动重点

掌握闪避躲球的技能。

三、活动难点

在闪避躲球时能保持身体平衡。

四、活动准备

（1）经验准备：有玩躲避游戏的经验。

（2）物质准备。

① 场地：用胶带贴出起点线和终点线，两条线相距10米，起点线和终点线各长8米。

② 器械：泡沫面条、连接器、跳跳球。

③ 器械摆放：用10根泡沫面条和连接器组成一个大圆；然后用10根泡沫面条和连接器组成两个小圆，每个小圆用5根泡沫面条。

五、活动过程

（一）开始部分

教师通过儿歌的形式调整幼儿站位，边说边调整幼儿站位，引导幼儿保持间隔距离四散站好。

（1）师："伸伸手，排排队，位置不够往后退！"

师："手打开，转一转，位置不够两边散！"

（2）热身操：播放热身音乐，教师和幼儿一起跳热身操。

（3）队列准备：男孩和女孩排成一排，站在起点线上。

（二）基本部分

1. 创设情境，导入活动

教师导入游戏环节："今天，小朋友们要小心'炸弹'啦，因为谁碰到'炸弹'谁就会'受伤'！"

2. 游戏："炸弹"来啦

第一关："炸弹"屋

游戏规则：教师在场地中间摆放大圆，在大圆旁边摆放小圆。师："小朋友们一会都待在大圆里面,我要拿一些'炸弹'滚到大圆里,你们要躲避它,因为碰到'炸弹'就会'受伤',就得到旁边的小圆里面休息了。"主课教师和配课教师分别拿 5 个跳跳球,站在大圆的两边往大圆里面滚跳跳球。开始时,教师滚跳跳球的速度要慢些,随后可逐渐加快速度。共进行五次游戏,每次游戏 2 分钟。每次游戏结束后,请没有被"炸"到的幼儿把被"炸"到的幼儿救回来,如图 1-4-1 所示。

游戏示范:教师做一次示范,然后开始游戏。

注意事项:教师要注意幼儿之间的距离,避免相撞。

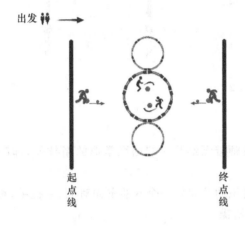

图 1-4-1

第二关:穿越"炸弹"区

游戏规则:教师把两个小圆分别接在大圆的两边,请男孩和女孩分别站在这两个小圆里面。师:"现在,小朋友们要穿越'炸弹'区。请女孩们先喊:'男孩,请你们过来吧!'男孩从自己的小圆里跳(双脚连续跳)出来,经过大圆跳到女孩的小圆里面。"主课教师和配课教师还是从大圆两边往里面滚"炸弹",男孩们一边跳一边躲开"炸弹"。男孩进入女孩的小圆里面,如图 1-4-2 所示。师:"这个小圆太挤了,男孩们还是返回自己的小圆吧。"男孩们用同样的动作跳回自己的小圆,大声喊:"女孩,请你们过来吧!"女孩像男孩一样跳到男孩的小圆里面,往返三次,如图 1-4-3 所示。

游戏示范:教师指导幼儿一次,然后开始游戏。

注意事项:教师要注意幼儿跑步时的间距,避免相互碰撞。

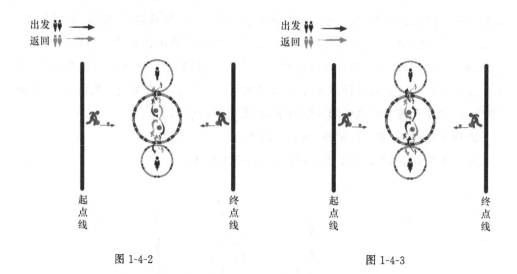

图 1-4-2　　　　　　　　　　图 1-4-3

(三) 结束部分

(1) 活动小结:教师带领幼儿一起回顾掌握的新技能,即闪避躲球,简单总结活动情况。

(2) 放松活动:组织幼儿找到一个好朋友面对面、手拉手,教师播放放松操音乐,教师和幼儿一起跳放松操。

(3) 整理器械:教师和幼儿一起整理器械。

第五节　过 小 桥

一、活动目标

(1) 能在平衡器械上较平稳地行走。
(2) 锻炼平衡能力,提高其身体协调性。
(3) 愿意参加体育活动,敢于尝试和挑战。

二、活动重点

能在平衡器械上较平稳地行走。

三、活动难点

能较快地走过平衡器械。

四、活动准备

(1) 经验准备:有走平衡木的经验。

(2) 物质准备。

① 场地:用胶带贴出起点线和终点线,两条线相距 10 米。

② 器械:平衡木、踩桶、圆底座、泡沫砖、泡沫面条、连接器、雪糕杯、沙包、六色盘。

③ 器械摆放。

a. 用泡沫面条组合出大圆并将其放在场地中间。

b. 将用平衡木、踩桶、圆底座和泡沫砖做成的平衡器械接在大圆上,并朝 4 个方向呈发射状。

c. 在每条平衡木相距起点 3 米处摆放一个由 3 根泡沫面条组成的小圆。

五、活动过程

(一) 开始部分

教师通过儿歌的形式调整幼儿站位,边说边调整幼儿站位,引导幼儿保持间隔距离四散站好。

(1) 师:"伸伸手,排排队,位置不够往后退!"

师:"手打开,转一转,位置不够两边散!"

(2) 热身操:播放热身音乐,教师和幼儿一起跳热身操。

(3) 队列准备:教师将幼儿分成 4 组,并分别站在 4 个小圆里面。

(二) 基本部分

1. 创设情境,导入活动

教师导入游戏环节:"我们要去很远的地方采蘑菇,路上有一条大河,河流很急。不过,河面上有四座独木桥,小朋友们从独木桥上走过去就可以采到蘑菇了"。

2. 游戏:过小桥

第一关:走过自己的小桥去采沙包蘑菇

游戏规则:教师在大圆里放置沙包,每组幼儿走过自己的独木桥将所有的蘑菇采回来,如图 1-5-1 所示。

游戏示范:教师做一次示范,走平衡器械时要将胳膊打开并伸平。

注意事项:教师站在平衡器械旁边保护幼儿,幼儿走平衡木时,身体要保持直立。

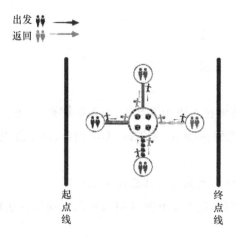

图 1-5-1

第二关：走过不同的小桥去采雪糕杯蘑菇

游戏规则：教师带领幼儿轮转换位，鼓励幼儿尝试走过多种（高或矮）小桥去中间采雪糕杯蘑菇，如图 1-5-2 所示。

游戏示范：同第一关。

注意事项：同第一关。

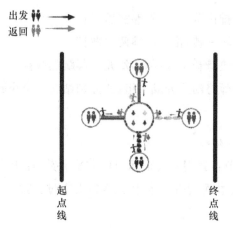

图 1-5-2

第三关：走过不同的小桥去采六色盘（红、黄、蓝三色）蘑菇

游戏规则：教师带领幼儿轮转换位，鼓励幼儿尝试走过多种（高或矮）小桥去中间采六色盘（红、黄、蓝三色）蘑菇，如图 1-5-3 所示。

游戏示范：同第一关。

注意事项：同第一关。

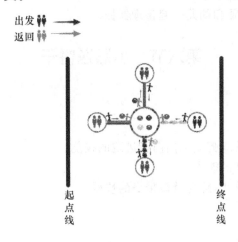

图 1-5-3

第四关：走过不同的小桥去采六色盘（紫、绿、橙三色）蘑菇

游戏规则：教师带领幼儿轮转换位，鼓励幼儿尝试走过多种（高或矮）小桥去中间采六色盘（紫、绿、橙三色）蘑菇，如图 1-5-4 所示。

游戏示范：同第一关。

注意事项：同第一关。

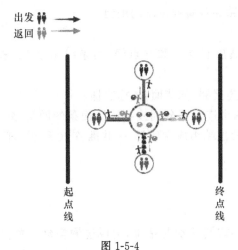

图 1-5-4

（三）结束部分

（1）活动小结：教师带领幼儿一起回顾掌握的新技能，即走高矮不一的平衡器械，简单总结活动情况。

（2）放松活动：组织幼儿找到一个好朋友面对面、手拉手，教师播放放松操音乐，教师和幼儿一起跳放松操。

（3）整理器械：教师和幼儿一起整理器械。

第六节　小熊送饼干

一、活动目标

（1）掌握正面钻及双脚夹物向前行进跳的技能。

（2）提高控制身体的能力。

（3）愿意尝试新游戏，感受游戏带来的快乐。

二、活动重点

掌握正面钻和双脚夹物向前行进跳的动作技巧。

三、活动难点

正面钻时，尽量不碰到障碍物；双脚连续跳时，保持双脚并拢不分开。

四、活动准备

（1）经验准备：有钻和双脚连续跳的经验。

（2）物质准备。

① 场地：用胶带贴出起点线和终点线，两条线相距10米，起点线和终点线各长8米。

② 器械：软飞盘、连接器、泡沫面条、标志桶。

③ 器械摆放：将两个连接器分别接在泡沫面条的两端，然后将泡沫面条的两端分别插在两个标志桶的顶端组成拱形门，一共准备10组拱形门。

五、活动过程

（一）开始部分

教师通过儿歌的形式调整幼儿站位，边说边调整幼儿站位，引导幼儿保持间隔距离四散站好。

（1）师："伸伸手，排排队，位置不够往后退！"

　　师："手打开，转一转，位置不够两边散！"

（2）热身操：播放热身音乐，教师和幼儿一起跳热身操。

（3）队列准备：男孩和女孩排成一排，站在起点线上。

(二) 基本部分

1. 创设情境,导入活动

教师导入游戏环节:"今天,小朋友们变成小熊了,和老师一起运送饼干吧!"

2. 游戏:小熊的饼干

第一关:小熊们了解运送饼干的路线

游戏规则:教师先请男孩们一起慢跑到终点,大声喊:"女孩,请你们过来吧!"如图 1-6-1 所示。女孩们听到后,跟着跑过来。然后,女孩们返回起点,如图 1-6-2 所示,女孩们同样大声喊:"男孩,请你们过来吧!"往返三次。如图 1-6-3 所示。

游戏示范:教师做一次示范,观察幼儿游戏状况。

注意事项:在跑步过程中,幼儿要分散开,避免互相碰撞。

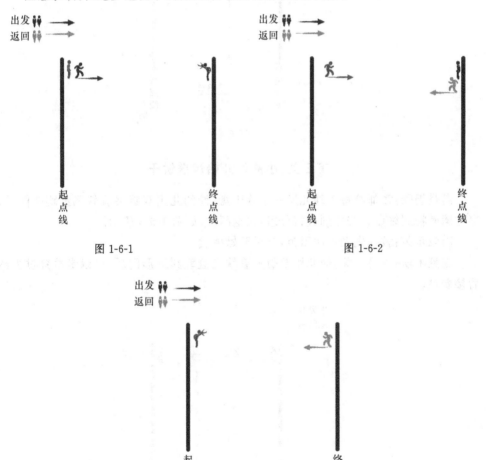

图 1-6-1　　　　　　　　　　图 1-6-2

图 1-6-3

第二关:在送饼干的途中出现了障碍物,小熊们穿越障碍物

游戏规则:教师将准备好的 10 个拱形门分两排摆放在场地中间,两排间距 2～3 米。幼儿弯腰低头穿过障碍物,如图 1-6-4 所示。

游戏示范:教师先做一次示范,讲解规范动作,然后带领幼儿一起玩游戏。

注意事项:教师要注意幼儿出发时的间隔。幼儿穿过障碍物时不能争抢,一个跟着一个排队穿过障碍物或穿过人少的障碍物;配课教师要及时将倒下的拱形门竖起来。

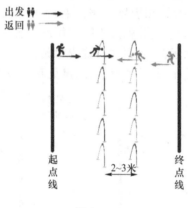

图 1-6-4

第三关:小熊们开始运送饼干

游戏规则:教师给每个幼儿发一个软飞盘,请幼儿用双腿夹着软飞盘跳跃前进,穿过障碍物到终点。按性别进行分组,往返两次,如图 1-6-5 所示。

游戏示范:教师先做一次示范,然后开始游戏。

注意事项:同第二关,幼儿用双腿夹着软飞盘跳到拱形门后,可以走着穿过去然后接着跳。

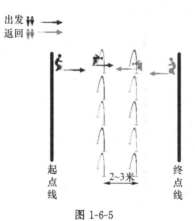

图 1-6-5

第四关:小熊们运送饼干,穿过指定颜色的障碍物

游戏规则:教师喊到哪种颜色,小熊们就穿过对应颜色的障碍物,如图 1-6-6 所示。

游戏示范:同第三关。

注意事项:同第三关。

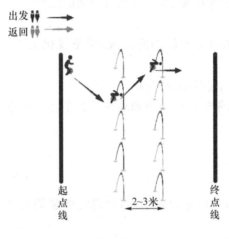

图 1-6-6

(三) 结束部分

(1) 活动小结:教师带领幼儿一起回顾掌握的新技能,即正面钻和双脚夹物向前行进跳,简单总结活动情况。

(2) 放松活动:组织幼儿找到一个好朋友面对面、手拉手,教师播放放松操音乐,教师和幼儿一起跳放松操。

(3) 整理器械:教师和幼儿一起整理器械。

第七节　蚂蚁特工队

一、活动目标

(1) 练习手脚爬、直线跑、助跑跨跳和钻爬障碍物等技能。

(2) 提高身体的协调性和灵敏性。

(3) 愿意参加体育活动,感受与同伴游戏的快乐。

二、活动重点

练习手脚爬、直线跑、助跑跨跳和钻爬障碍物等动作技巧。

三、活动难点

在助跑跨跳和钻爬障碍物时不能碰到小跨栏。

四、活动准备

（1）经验准备：有玩手脚爬、助跑跨跳等游戏的经验。
（2）物质准备。
① 场地：用胶带贴出起点线和终点线，两条线相距10米，起点线和终点线各长8米。
② 器械：泡沫面条、连接器、小跨栏。
③ 器械摆放：教师先把泡沫面条和小跨栏放在起点线处。

五、活动过程

（一）开始部分

教师通过儿歌的形式调整幼儿站位，边说边调整幼儿站位，引导幼儿保持间隔距离四散站好。

（1）师："伸伸手，排排队，位置不够往后退！"
　　师："手打开，转一转，位置不够两边散！"
（2）热身操：播放热身音乐，教师和幼儿一起跳热身操。
（3）队列准备：男孩和女孩排成一排，站在起点线上。

（二）基本部分

1. 创设情境，导入活动

教师导入游戏环节："今天，小朋友们都变成了蚂蚁特工队队员，你们要克服各种各样的困难来完成任务。"

2. 游戏：蚂蚁特工队

第一关：建立安全岛

游戏规则：师："各位蚂蚁特工队队员，我们要先给自己建立一座安全岛，请和我一起去终点取建岛的材料吧！"幼儿跑到终点，拿回一根泡沫面条后再去拿，如图1-7-1所示。首先，教师将幼儿拿回来的泡沫面条摆成△形或▢形，请幼儿到图形里去。然后，教师在终点摆一个相同的图形。最后，教师用泡沫面条将起点和终点的两个图形连接起来，如图1-7-2所示。

游戏示范：教师先做一次示范，然后开始游戏。
注意事项：人数多要分组；教师应注意幼儿之间的距离，避免相撞。

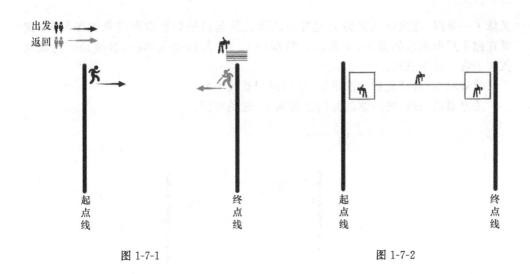

图 1-7-1   图 1-7-2

第二关:爬 绳 索

游戏规则:师:"特工训练第二关,爬绳索。"请幼儿先骑在细细的绳索(泡沫面条)上面,然后用四肢爬行,一个跟着一个地爬过去,如图 1-7-3 所示。往返两次,第二次倒着爬,如图 1-7-4 所示。

游戏示范:教师先做一次示范,然后带领幼儿开始游戏。

注意事项:教师应注意幼儿之间的距离,避免踩到手。

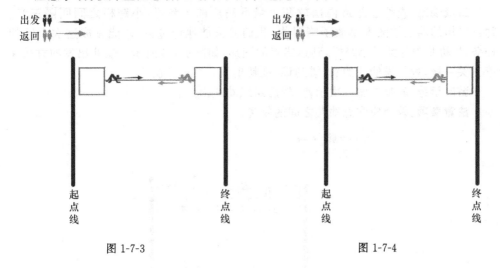

图 1-7-3   图 1-7-4

第三关:跑步快速出发

游戏规则:教师先将第二关中的绳索加宽,然后用泡沫面条摆出一条平行线,间距为1.5米。师:"刚才,我们很轻松地完成了任务,来给自己鼓鼓掌。我们的特工队又修了一条路,这次要从大路上跑过去。"幼儿从起点的图形跑到终点的图形(一定要在跑道里面跑),如图1-7-5所示。教师一个一个地摸幼儿的头,被摸到头的幼儿依次出发。往返三次。

游戏示范:教师先做一次示范,然后组织幼儿出发。

注意事项:教师应注意幼儿的出发间距,避免撞倒。

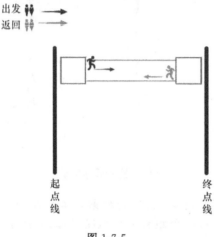

图 1-7-5

第四关:跨 越 敌 区

游戏规则:教师在跑道内摆放两个最低高度的小跨栏,小跨栏之间间隔三米。师:"平坦的路上被敌人摆放了障碍物,我们要勇敢地跨过去,才能完成这次艰巨的任务。"幼儿跑着跨过小跨栏,到达终点的图形,如图1-7-6所示。幼儿出发的方式和第三关一样,教师摸幼儿的头,摸到谁,谁就出发。往返三次。

游戏示范:教师先做一次示范,然后组织幼儿出发。

注意事项:教师应注意幼儿之间的距离。

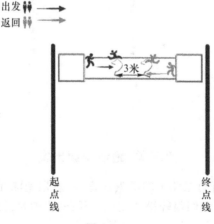

图 1-7-6

第五关:钻 过 敌 区

游戏规则:教师将最低高度小跨栏换成最高高度小跨栏。师:"障碍物在逐渐'长高',特工队队员们很难跨过去了,但是我们可以'缩小'自己的身体,从障碍物下面'钻'过去。"如图 1-7-7 所示。往返一次。

游戏示范:教师先做一次示范,然后组织幼儿出发。

注意事项:教师应注意幼儿之间的距离。

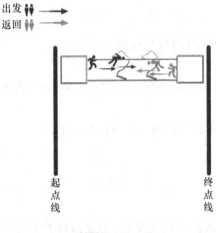

图 1-7-7

(三) 结束部分

(1) 活动小结:教师带领幼儿一起回顾练习的技能,即手脚爬、直线跑、助跑跨跳和钻爬障碍物,简单总结活动情况。

(2) 放松活动:组织幼儿找到一个好朋友面对面、手拉手,教师播放放松操音乐,教师和幼儿一起跳放松操。

(3) 整理器械:教师和幼儿一起整理器械。

第八节　小乌龟过隧道

一、活动目标

(1) 掌握手膝爬和侧翻滚的技巧。
(2) 增强四肢和腰腹的力量,提高其身体的协调性。
(3) 愿意参与体育活动,体验游戏带来的快乐。

二、活动重点

掌握手膝爬和侧翻滚的技巧。

三、活动难点

在侧翻滚时,要用腰腹发力,身体沿直线向前滚动。

四、活动准备

(1) 经验准备:有玩爬行游戏的经验。
(2) 物质准备。
① 场地:室内场地(木地板、泡沫垫、橡胶地面都可,先请幼儿把鞋脱掉并摆好)。
② 器械:溜溜布(宽)。
③ 器械摆放:把一块宽的溜溜布平铺在地面上。

五、活动过程

(一) 开始部分

教师通过儿歌的形式调整幼儿站位,边说边调整幼儿站位,引导幼儿保持间隔距离四散站好。

(1) 师:"伸伸手,排排队,位置不够往后退!"
师:"手打开,转一转,位置不够两边散!"
(2) 热身操:播放热身音乐,教师和幼儿一起跳热身操。
(3) 队列准备:男孩和女孩排成一排,站在溜溜布的一端。

(二) 基本部分

1. 创设情境,导入活动

教师导入游戏环节:"今天,小朋友们要和老师钻海底隧道,看看谁最勇敢!"

2. 游戏:小乌龟过隧道

第一关:乌龟出行

游戏规则:师:"小朋友们要想通过隧道,先要把身体练好,胆量练大。"幼儿首先从起点处手膝爬爬到终点,然后从右侧跑回起点,站到队尾,如图1-8-1所示。幼儿依次出发,每个幼儿往返五次。

游戏示范:教师先做一次示范,然后请所有幼儿依次出发。

注意事项:教师应注意幼儿之间的距离,避免踢到脸。

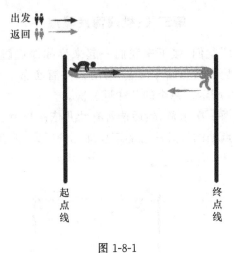

图 1-8-1

第二关:滚 动 海 底

游戏规则:师:"小朋友们不仅要有力气,还要有胆量,也许你会转晕了忘记回来的路,小心一点。"幼儿平躺在溜溜布上面,双手举过头顶,腿伸直,腰腹发力让自己翻滚起来,一直翻滚到终点,然后从右侧跑回起点,如图 1-8-2 所示。幼儿依次出发,每个幼儿往返三次。教师一只手抓住幼儿的脚,一只手放在幼儿的腰部,指导幼儿使脚和腰部同时向一个方向发力。

游戏示范:教师先做一次示范,然后请所有幼儿依次出发。

注意事项:所有幼儿的头和脚的方向要一致;教师应注意幼儿之间的距离,避免互相压到。

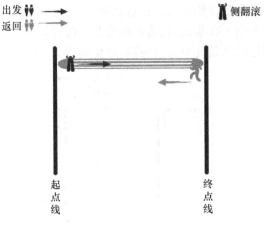

图 1-8-2

第三关:挑战海底隧道

游戏规则:师:"小朋友们,接下来我们一起来挑战海底隧道吧。"主课教师将溜溜布铺平后站在终点,配课教师站在起点,请幼儿从溜溜布下面钻到终点,然后从右侧跑回起点,如图1-8-3所示。每个幼儿往返三次。

游戏示范:教师先做一次示范,然后请所有幼儿依次出发。

注意事项:站在起点处的教师注意隧道里幼儿的间距,避免相撞。

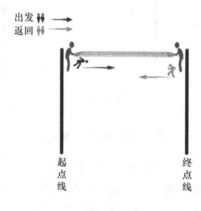

图 1-8-3

第四关:高 矮 隧 道

游戏规则:当所有的幼儿都在隧道里时,教师大声告诉幼儿"隧道要升高啦"!主课教师和配课教师一起把溜溜布抬起来,幼儿从趴着到站起来,如图1-8-4所示;然后教师们再将溜溜布压低,幼儿再蹲下去,如图1-8-5所示。教师们抬高溜溜布后可以让幼儿跳起来,用头触碰溜溜布。往返五次。

游戏示范:教师先做一次示范,然后组织幼儿一起开始。

注意事项:教师应注意幼儿前后的距离,避免拥挤。

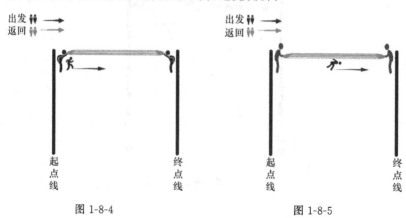

图 1-8-4   图 1-8-5

(三) 结束部分

(1) 活动小结：教师带领幼儿一起回顾掌握的新技能，即手膝爬和侧翻滚，简单总结活动情况。

(2) 放松活动：组织幼儿找到一个好朋友面对面、手拉手，教师播放放松操音乐，教师和幼儿一起跳放松操。

(3) 整理器械：教师和幼儿一起整理器械。

第九节　小老鼠运鸡蛋

一、活动目标

(1) 掌握持物行走的技能。
(2) 提高身体平衡能力和协调性。
(3) 愿意与同伴共同游戏，体验游戏带来的快乐。

二、活动重点

能较平稳地持物行走。

三、活动难点

在端球行进时，能保持身体平衡，使球不掉落。

四、活动准备

(1) 经验准备：有玩持物行走游戏的经验。
(2) 物质准备。
① 场地：用胶带贴出起点线和终点线，两条线相距10米，起点线和终点线各长8米；分别在起点线和终点线后1.2米处贴出一条等待线，在等待线后贴出分组线，分组线之间相距1.2米。
② 器械：软飞盘、鳄鱼球、标志桶。
③ 器械摆放：教师在每组终点摆放一个标志桶。

五、活动过程

(一) 开始部分

教师通过儿歌的形式调整幼儿站位，边说边调整幼儿站位，引导幼儿保持间隔

距离四散站好。

(1) 师:"伸伸手,排排队,位置不够往后退!"
    师:"手打开,转一转,位置不够两边散!"
(2) 热身操:播放热身音乐,教师和幼儿一起跳热身操。
(3) 队列准备:教师通过分组游戏"荷花荷花"将幼儿分成4～6组,请每组幼儿到分组线上排队。

(二) 基本部分

1. 创设情境,导入活动

教师导入游戏环节:"今天,我们要变成运鸡蛋部队"。

2. 游戏:小老鼠运鸡蛋

第一关:幼儿用软飞盘轻轻地推鳄鱼球,使鳄鱼球滚动起来

游戏规则:教师给每组发一个鳄鱼球,给每个幼儿发一个软飞盘。每个幼儿首先用软飞盘轻轻地推鳄鱼球,使鳄鱼球滚动到终点,然后幼儿绕过标志桶返回起点,把鳄鱼球传给下一个幼儿后站到队尾,每个幼儿往返两次,如图1-9-1所示。

游戏示范:教师做一次示范,及时鼓励动作做得好的幼儿。

注意事项:推球时,幼儿需弯腰,而不是下蹲;避免幼儿之间相撞。

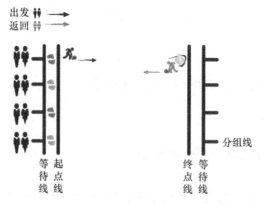

图 1-9-1

第二关:幼儿用软飞盘端着鳄鱼球走

游戏规则:首先,幼儿双手抓住软飞盘的两边把它端起来(胳膊肘角度大于90度),把鳄鱼球放在软飞盘上走到终点;然后,幼儿绕过标志桶返回起点,把鳄鱼球传给下一个幼儿后站到队尾。每个幼儿往返三次,如图1-9-2所示。

游戏示范:教师先做一次示范,及时指导、纠正幼儿动作。

注意事项:幼儿可能会将软飞盘和鳄鱼球抱在怀里,这样起不到锻炼效果,教师应及时纠正。

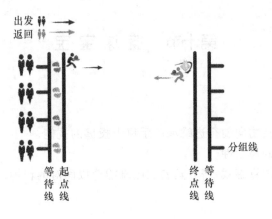

图 1-9-2

第三关:幼儿在运蛋时,要小心翼翼地绕过每一个障碍物!

游戏规则:教师在每个跑道上摆放五个标志桶,每个标志桶间隔两米。幼儿要绕过每一个障碍物到达终点,然后绕过标志桶返回起点,把鳄鱼球传给下一个幼儿后站到队尾。每个幼儿往返三次,如图 1-9-3 所示。

游戏示范:教师示范动作,注意观察并指导动作掌握得不好的幼儿。

注意事项:除了第二关的注意事项外,配课教师还应及时扶正倒下的标志桶,避免幼儿被绊倒。

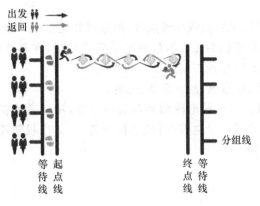

图 1-9-3

(三)结束部分

(1)活动小结:教师带领幼儿一起回顾掌握的新技能,即持物行走,简单总结活动情况。

(2)放松活动:组织幼儿找到一个好朋友面对面、手拉手,教师播放放松操音乐,教师和幼儿一起跳放松操。

(3)整理器械:教师和幼儿一起整理器械。

第十节 篮球宝宝

一、活动目标

(1) 掌握双腿夹物向前行进跳和单手肩上投掷的技能。
(2) 提高身体的灵活性。
(3) 愿意参加体育游戏,培养其遇到困难能勇敢面对的精神。

二、活动重点

掌握双腿夹物向前行进跳和单手肩上投掷的技能。

三、活动难点

在投掷时,要让球穿过篮圈。

四、活动准备

(1) 经验准备:有双脚连续跳和投掷的经验。
(2) 物质准备。
① 场地:用胶带贴出起点线和终点线,两条线相距 10 米,起点线和终点线各长 8 米;分别在起点线和终点线后 1.2 米处贴出一条等待线,在等待线上贴出分组线,分组线之间相距 1.2 米;在场地中间贴出一条中线。
② 器械:跳跳球、标志桶、泡沫面条、三通。
③ 器械摆放:教师将一根泡沫面条弯成一个圆,用三通连接。将三通中间的孔插在标志桶顶尖上,形成一个立着的投篮圈,准备 6~8 个投篮圈。将标志桶摆在中线上,每个标志桶间隔 1 米。

五、活动过程

(一) 开始部分

教师通过儿歌的形式调整幼儿站位,边说边调整幼儿站位,引导幼儿保持间隔距离四散站好。
(1) 师:"伸伸手,排排队,位置不够往后退!"
　　师:"手打开,转一转,位置不够两边散!"
(2) 热身操:播放热身音乐,教师和幼儿一起跳热身操。
(3) 队列准备:男孩和女孩相向站在场地两边。

(二) 基本部分

1. 创设情境，导入活动

教师导入游戏环节："今天，小朋友们要变成篮球宝宝，跟着老师去灌篮。"

2. 游戏：篮球宝宝

第一关：熟悉游戏线路

游戏规则：男孩先出发跑到中线处，从左侧绕过标志桶，大声喊："女孩，请你出发吧！"然后返回起点，如图1-10-1所示。女孩听到后，同样跑到中线处从左侧绕过标志桶，大声喊："男孩，请你出发吧！"然后返回起点，如图1-10-2和图1-10-3所示。每个幼儿往返三次。

游戏示范：教师先做一次示范，然后开始游戏。

注意事项：教师观察幼儿游戏状况，强调返回方向；然后幼儿按组出发，不能混乱；绕过标志桶的方向要一致，避免幼儿迎面相撞。

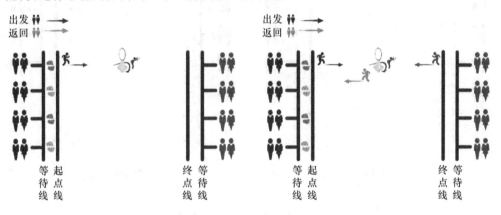

图1-10-1　　　　　　　　　　图1-10-2

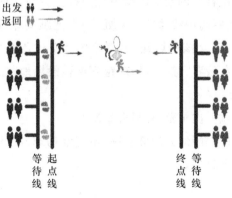

图1-10-3

第二关：和球交朋友

游戏规则：教师给每个幼儿发一个跳跳球。师："要灌篮，就得跟球交朋友！现在请小朋友们用双腿夹着跳跳球跳到终点，然后绕过标志桶抱着跳跳球跑回起点。"如图1-10-4所示。男孩先出发到达终点后，教师再喊："女孩，请你出发吧！"如图1-10-5所示。每个幼儿往返三次。

游戏示范：教师先做一次示范，讲解规范动作，然后开始游戏。

注意事项：主课教师注意幼儿出发的间隔，幼儿可以一个跟着一个排队绕过标志桶或从人少的标志桶返回；配课教师及时扶正倒下的标志桶。

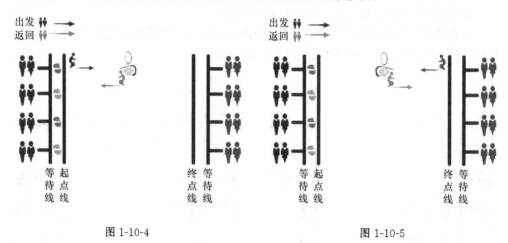

图1-10-4　　　　　　　　　　图1-10-5

第三关：幼儿跑步去灌篮

游戏规则：教师把组合好的投篮圈摆放在中线上。师："灌篮开始了！"男孩首先用右手拿着跳跳球跑到距离中线篮圈1米处，用力把跳跳球投出去，使其穿过篮圈；然后捡起跳跳球直接跑到女孩的场地，大声地告诉女孩："女孩，请你出发吧！"如图1-10-6所示。同样地，女孩灌完篮后，抱球跑到男孩的场地，如图1-10-7所示。每个幼儿往返三次。

游戏示范：教师先做一次示范，然后开始游戏。

注意事项：主课教师提醒幼儿遵守规则，不能乱扔球；配课教师及时扶正倒下的篮圈，其余注意事项同第二关。

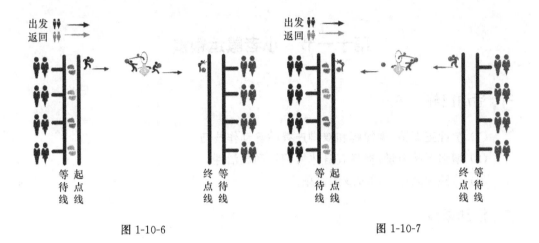

图 1-10-6　　　　　　　　　　　图 1-10-7

第四关：幼儿夹跳跳球跳着去灌篮

游戏规则：男孩先用双腿夹着跳跳球跳到灌篮处，用右手拿着跳跳球灌篮，然后捡起跳跳球并用双腿夹着跳跳球跳到女孩的场地，其余同第二关，每个幼儿往返三次，如图 1-10-8 和图 1-10-9 所示。

游戏示范：同第三关。

注意事项：同第三关。

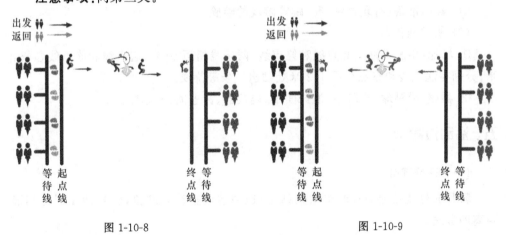

图 1-10-8　　　　　　　　　　　图 1-10-9

（三）结束部分

（1）活动小结：教师带领幼儿一起回顾掌握的新技能，即双腿夹物向前行进跳和单手肩上投掷，简单总结活动情况。

（2）放松活动：组织幼儿找到一个好朋友面对面、手拉手，教师播放放松操音乐，教师和幼儿一起跳放松操。

（3）整理器械：教师和幼儿一起整理器械。

第十一节　小老鼠运粮食

一、活动目标

（1）掌握正面钻、匍匐爬和双脚连续跳等动作技巧。
（2）增强下肢力量，提高其身体协调性和灵活性。
（3）体验和同伴一起游戏的快乐。

二、活动重点

掌握正面钻、匍匐爬和双脚连续跳等动作技巧。

三、活动难点

匍匐爬时，身体贴紧地面，用胳膊肘和腿发力向前爬行。

四、活动准备

（1）经验准备：有玩过钻、爬、跳等游戏的经验。
（2）物质准备。
① 场地：用胶带贴出起点线和终点线，两条线相距 10 米，起点线和终点线各长 8 米；分别在起点线和终点线后 1.2 米处贴出一条等待线。
② 器械：跳跳球、小跨栏、泡沫面条、连接器、标志桶、长标杆。

五、活动过程

（一）开始部分

教师通过儿歌的形式调整幼儿站位，边说边调整幼儿站位，引导幼儿保持间隔距离四散站好。
（1）师："伸伸手，排排队，位置不够往后退！"
　　　师："手打开，转一转，位置不够两边散！"
（2）热身操：播放热身音乐，教师和幼儿一起跳热身操。
（3）队列准备：男孩排成一排，站在起点线上；女孩排成一排，站在男孩后面的等待线上。

(二) 基本部分

1. 创设情境，导入活动

教师导入游戏环节："天气越来越冷了,小老鼠想从仓库里偷点粮食过冬。小朋友们,任务来了,你们要和老师一起赶往仓库找粮食。"

2. 游戏：小老鼠运粮食

第一关：小老鼠跑出去找仓库

游戏规则：幼儿从起点出发跑步至终点寻找粮食。男孩先出发,到达终点后,男孩大声喊："女孩,快过来吧",往返三次。第一次往返,幼儿快速跑步至终点,如图1-11-1和图1-11-2所示;第二次往返,幼儿踮着前脚掌跑至终点,如图1-11-3和图1-11-4所示;第三次往返,幼儿单脚跳至终点,如图1-11-5和图1-11-6所示。

游戏示范：教师先做一次示范,然后开始游戏。

注意事项：教师提醒幼儿在跑步过程中避免互相碰撞。

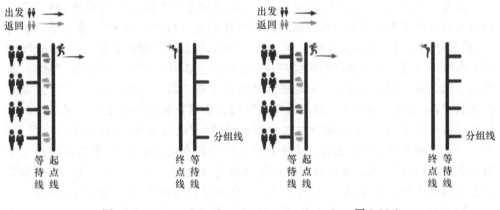

图 1-11-1　　　　　　　　　　　图 1-11-2

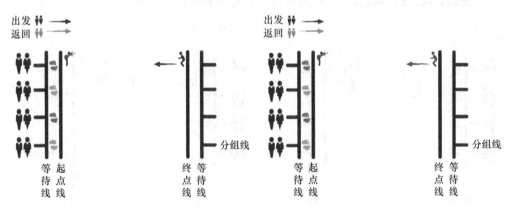

图 1-11-3　　　　　　　　　　　图 1-11-4

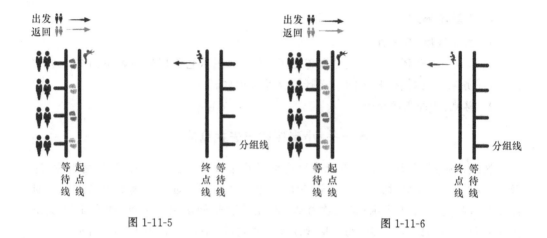

图 1-11-5　　　　　　　　　　　图 1-11-6

第二关：小老鼠钻过城墙偷粮食

游戏规则：教师首先用五根泡沫面条连接成圆放置在终点作为仓库，然后根据班级人数在仓库内放置相应数量的跳跳球当作粮食。师："小朋友们，通过坚持和努力，我们终于找到了装满粮食的仓库，你们想不想马上就拿到粮食呢？但是，仓库的主人可没那么容易就让自己的粮食被偷走！他在仓库外面建了三堵围墙。"随后，教师将一根长标杆的两头各插入标志桶的从上往下数的第二个孔，从起点至终点放置三组长标杆，每组间隔3米。然后教师鼓励幼儿像老鼠钻洞一样依次钻过三个长标杆至终点的仓库，拿一个跳跳球站在仓库外，等待其他幼儿到达，如图1-11-7所示。下一个幼儿和教师击掌后出发。当所有幼儿都到终点拿到粮食后，教师鼓励幼儿给自己鼓掌，并提醒幼儿："我们拿到粮食赶紧溜走，别被主人发现了"。幼儿再次与教师击掌后依次爬至起点，如图1-11-8所示。幼儿需匍匐前进，不可膝盖跪到地面。

游戏示范：教师先做一次示范，然后带着不爱动的幼儿一起游戏。

注意事项：在钻爬过程中，避免前面的幼儿踩到后面的幼儿。

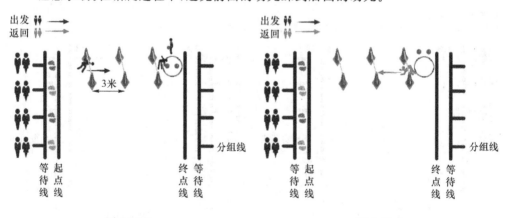

图 1-11-7　　　　　　　　　　　图 1-11-8

第三关:小老鼠运粮回家

游戏规则:增加难度,收回长标杆。教师从起点开始摆放4～6列太空梯(每列间隔50厘米)连接摆放三个高跨栏(每个高跨栏间隔2米)。师:"小朋友们,我们成功拿到粮食后要赶紧把粮食运回家,听说过会儿就要下雨了。我们要抓紧时间啦!"幼儿从起点出发,将跳跳球夹在胳膊下,跳过太空梯(火车轨道)后跑到跨栏处,将手中的跳跳球滚过小跨栏,接着幼儿钻爬过去,拿起跳跳球放到仓库里后返回起点,如图1-11-9所示。

游戏示范:教师先做一次示范,然后开始游戏。

注意事项:在钻爬过程中,应避免前面的幼儿踩到后面的幼儿。

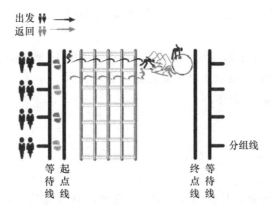

图 1-11-9

(三) 结束部分

(1) 活动小结:教师带领幼儿一起回顾掌握的新技能,即正面钻、匍匐爬、双脚连续跳等动作,简单总结活动情况。

(2) 放松活动:组织幼儿找到一个好朋友面对面、手拉手,教师播放放松操音乐,教师和幼儿一起跳放松操。

(3) 整理器械:教师和幼儿一起整理器械。

第十二节　小小火炬手

一、活动目标

(1) 掌握双脚夹物向前行进跳、持物走等动作技巧。

(2) 锻炼腰腹力量,提升其身体协调性和平衡能力。

(3) 愿意参加有挑战性的体育活动,体验游戏的快乐。

二、活动重点

掌握双脚夹物向前行进跳、持物走等动作技巧。

三、活动难点

夹球行进跳和持物走时,保持身体平衡,球不掉落。

四、活动准备

(1) 经验准备:有玩过行进跳、持物走等游戏的经验。

(2) 物质准备。

① 场地:用胶带贴出起点线和终点线,两条线相距10米,起点线和终点线各长8米;分别在起点线和终点线后1.2米处贴出一条等待线。

② 器械:跳跳球、雪糕杯。

五、活动过程

(一) 开始部分

教师通过儿歌的形式调整幼儿站位,边说边调整幼儿站位,引导幼儿保持间隔距离四散站好。

(1) 师:"伸伸手,排排队,位置不够往后退!"

师:"手打开,转一转,位置不够两边散!"

(2) 热身操:播放热身音乐,教师和幼儿一起跳热身操。

(3) 队列准备:男孩排成一排,站在起点线上;女孩排成一排,站在男孩后面的等待线上。

(二) 基本部分

1. 创设情境,导入活动

教师导入游戏环节:"小朋友们,今天我们一起做小小火炬手吧!"

2. 游戏:小小火炬手

第一关:幼儿夹着跳跳球双脚向前连续跳

游戏规则:教师把跳跳球放在终点,先请男孩去拿,然后请女孩去拿,每人每次拿1个,如图1-12-1所示。幼儿用双脚脚踝夹着球,向上起跳,球不要掉。每人跳八次。师:"成功的小朋友给自己鼓鼓掌。小朋友们夹着跳跳球可以原地跳,也可以向前行进跳。"幼儿用膝盖夹着跳跳球连续跳跃。男孩先出发,跳到终点后高喊:"女孩,请你过来吧!"往返三次,如图1-12-2所示。

游戏示范:教师先做一次示范,然后开始游戏。

注意事项:教师提醒幼儿在跳跃过程中,避免因踩到掉落的球而滑倒;防止幼儿捡球时发生碰撞。

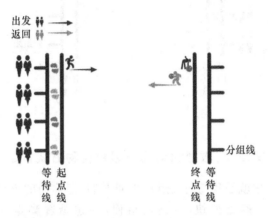

图 1-12-1

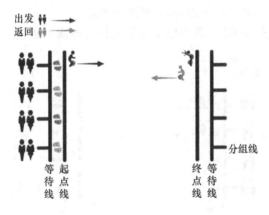

图 1-12-2

第二关:幼儿传递小火炬

游戏规则:师:"小朋友们和跳跳球做了好长时间的游戏,有点累了,休息后,我们来传递火炬吧?"教师将准备好的雪糕杯放在终点,幼儿夹着跳跳球跳到终点,拿到雪糕杯,然后把雪糕杯底朝上握在手里,将跳跳球放在上面,轻轻走回来(注意尽量不要让球掉下来),如图1-12-3所示。

游戏示范:教师先做一次示范,然后带着不爱动的幼儿一起游戏。

注意事项：当球掉下来时，教师应避免幼儿在捡球时发生碰撞。

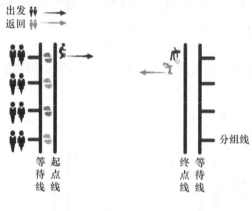

图 1-12-3

第三关：教师和幼儿一起用各种方式行走

游戏规则：师："这就是我们的火炬！小朋友们，把你们的火炬举起来，和我一起走一走！"教师要求一遍走得快，一遍走得慢，一遍踮着脚走，一遍猫着腰走，如图 1-12-4 所示。教师一边走，一边提醒幼儿不要让球掉下来。

游戏示范：教师先做一次示范，然后开始游戏。

注意事项：当球掉下来时，教师应避免幼儿捡球时发生碰撞。

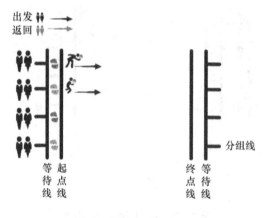

图 1-12-4

（三）结束部分

（1）活动小结：教师带领幼儿一起回顾掌握的新技能，即双脚夹物向前行进跳、持物走，简单总结活动情况。

（2）放松活动：组织幼儿找到一个好朋友面对面、手拉手，教师播放放松操音乐，教师和幼儿一起跳放松操。

(3) 整理器械：教师和幼儿一起整理器械。

第十三节　小红军过沼泽

一、活动目标

(1) 掌握双腿夹物连续跳和快跑急停的技能。

(2) 提高身体的灵活性和快速反应能力。

(3) 愿意参加体育活动,体验游戏带来的快乐。

二、活动重点

掌握双腿夹物连续跳和快跑急停的技能。

三、活动难点

在双脚连续跳时,双脚并拢不分开。

四、活动准备

(1) 经验准备：有双脚连续跳的经验。

(2) 物质准备。

① 场地：用胶带贴出起点线和终点线,两条线相距10米,起点线和终点线各长8米。

② 器械：泡沫面条、软飞盘。

五、活动过程

(一) 开始部分

教师通过儿歌的形式调整幼儿站位,边说边调整幼儿站位,引导幼儿保持间隔距离四散站好。

(1) 师："伸伸手,排排队,位置不够往后退！"

　　师："手打开,转一转,位置不够两边散！"

(2) 热身操：播放热身音乐,教师和幼儿一起跳热身操。

(3) 队列准备：男孩和女孩排成一排,站在起点线上。

(二)基本部分

1. 创设情境,导入活动

教师导入游戏环节:"今天,小朋友们要经过一片沼泽地,沼泽地里有一只怪物,它会咬你的脚趾头,小心啊!"

2. 游戏:小红军过沼泽

第一关:寻找沼泽地

游戏规则: 教师给每个幼儿发一根泡沫面条。师:"我们现在去看看沼泽地在哪里。"教师带着幼儿骑在泡沫面条上,然后双脚跳,从起点跳到终点,往返三次,如图1-13-1所示。

游戏示范: 教师带领幼儿一起出发。

注意事项: 教师应注意幼儿的出发间隔,避免相互碰撞。

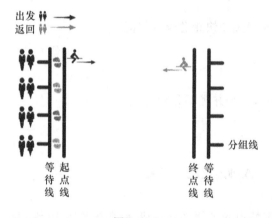

图 1-13-1

第二关:穿越沼泽地

游戏规则: 师:"怎么没见到沼泽地啊?沼泽地在哪里呢?"教师一边说,一边拿起软飞盘散落在场地中间,大声喊:"沼泽地出现啦!沼泽地出现啦!"教师再带着幼儿骑着泡沫面条跳着前进。

幼儿经过沼泽地时,如果听见老师喊:"怪物出现",就要快速找到软飞盘,并双脚站在上面,这样就不会被怪物抓到,脚趾头也不会被咬了。每个幼儿出发五次,如图1-13-2所示。

游戏示范: 教师带领幼儿一起出发。

注意事项: 教师应注意幼儿的出发间隔,避免相撞。

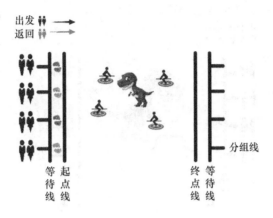

图 1-13-2

第三关:找到好朋友

游戏规则:师:"现在,沼泽怪物升级了,一个软飞盘根本挡不住它。所以,小朋友们要找到你们的好朋友(幼儿踩着软飞盘就近找到好朋友),并把泡沫面条的另一头给好朋友抓住,这样就安全了。"

教师还是带着幼儿跳着出发,然后高喊:"怪物出现!"幼儿赶快踩到软飞盘上,找到好朋友后用泡沫面条搭建保护区。每个幼儿出发五次,如图 1-13-3 所示。

游戏示范:教师与配课教师示范一次,请幼儿一起出发。

注意事项:教师应注意幼儿的出发间隔,避免相撞。

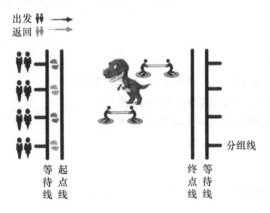

图 1-13-3

第四关:建 立 小 组

游戏规则:规则同第三关,三个幼儿为一组,如图 1-13-4 所示。

游戏示范:主课教师与配课教师示范一次,然后请幼儿一起出发。

注意事项:教师应注意幼儿之间的距离,避免相撞。

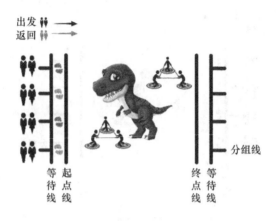

图 1-13-4

(三)结束部分

(1)活动小结:教师带领幼儿一起回顾掌握的新技能,即双腿夹物连续跳和快跑急停,简单总结活动情况。

(2)放松活动:组织幼儿找到一个好朋友面对面、手拉手,教师播放放松操音乐,教师和幼儿一起跳放松操。

(3)整理器械:教师和幼儿一起整理器械。

第十四节 小鲤鱼跃龙门

一、活动目标

(1)掌握立定跳远的方法,增加立定跳远的距离。
(2)增强腿部肌肉力量,锻炼身体协调性。
(3)乐于参与体育游戏活动,积极面对挑战。

二、活动重点

增加立定跳远的距离。

三、活动难点

掌握立定跳远的动作技巧,即起跳时摆臂蹬地,身体协调发力。

四、活动准备

(1) 经验准备:有立定跳远的经验。

(2) 物质准备。

① 场地:用胶带贴出起点线和终点线,两条线相距10米,起点线和终点线各长8米;分别在起点线和终点线后1.2米处贴出一条等待线,在等待线上贴出分组线,分组线之间相距1.2米。

② 器械:泡沫面条、太空梯、软飞盘、连接器。

五、活动过程

(一) 开始部分

教师通过儿歌的形式调整幼儿站位,边说边调整幼儿站位,引导幼儿保持间隔距离四散站好。

(1) 师:"伸伸手,排排队,位置不够往后退!"

师:"手打开,转一转,位置不够两边散!"

(2) 热身操:播放热身音乐,教师和幼儿一起跳热身操。

(3) 队列准备:男孩站在起点线上,女孩站在男孩后面的等待线上。

(二) 基本部分

1. 创设情境,导入活动

教师导入游戏环节:"今天,小朋友们要变成小鲤鱼去跃龙门。小鲤鱼想要跃龙门首先需要逆流而上,到达龙门,然后跳出水面,越过龙门,最后变成飞龙。"

2. 游戏:小鲤鱼跃龙门

第一关:小鲤鱼练习游泳

游戏规则:幼儿像小鲤鱼一样从起点游到终点,男孩先出发,游到终点大声喊:"女孩,请你过来!"如图1-14-1所示,女孩听到后游到终点。教师发现有的小鲤鱼还没有练好游泳的本领,所以幼儿需要再游回去。这次女孩先出发,女孩游回起点后大声喊:"男孩,请你过来!"男孩听到后游回起点,如图1-14-2所示。

游戏示范:教师先做一次示范,做出游泳的动作,观察幼儿的游戏状况。

注意事项:教师应注意幼儿的出发间隔;幼儿应直线出发,避免相撞。

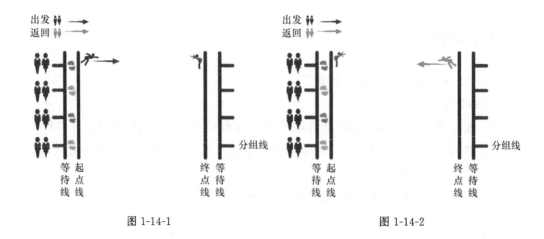

图 1-14-1　　　　　　　　　　　　　　图 1-14-2

第二关:小鲤鱼练习跳出水面

游戏规则:教师在场地中横向摆放三根由六根泡沫面条连接成的长泡沫面条,每条长泡沫面条间隔 2.5 米,男孩先游到泡沫面条前双脚立定跳跳过泡沫面条后游到终点大声喊:"女孩,请你过来!"女孩听到后双脚立定跳跳过泡沫面条游到终点,如图 1-14-3 所示。

游戏示范:教师先做夸张的双脚跳跃动作,讲解规范动作,然后带领不爱动的幼儿一起游戏。

注意事项:教师应注意幼儿的出发间隔,幼儿在跳过泡沫面条时要跳得高,跳得远,以免被泡沫面条绊倒。如果幼儿被绊倒,主课教师应立即停止游戏,并扶起幼儿;配课教师及时拉直泡沫面条。

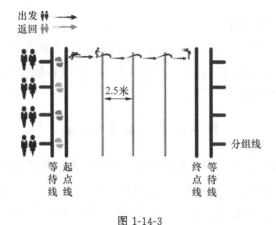

图 1-14-3

第三关:小鲤鱼练习跳过宽的障碍物

游戏规则:教师把泡沫面条换成太空梯(三个)。师:"我见到的龙门是很宽的,所以这次小鲤鱼需要练习跳过宽的障碍物！"男孩先出发,游到障碍物前双脚立定跳跳过太空梯,游到终点后大声喊:"女孩,请你过来！"女孩听到后跳过障碍物游到终点,如图1-14-4所示。

游戏示范:同第二关。

注意事项:教师应注意幼儿的出发间隔,幼儿在跳过太空梯时要跳得高,跳得远,以免被太空梯绊倒。如果幼儿被绊倒,主课教师应立即停止游戏,并扶起幼儿;配课教师及时拉直太空梯。

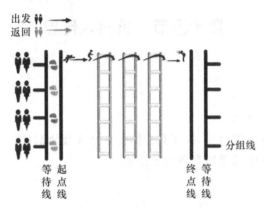

图 1-14-4

第四关:小鲤鱼终于完成练习,可以去跃龙门了

游戏规则:教师在太空梯两侧对称摆放软飞盘,软飞盘距太空梯两侧10厘米。幼儿从起点游过去,双脚踩在软飞盘上,立定跳远落到对称的软飞盘上,则小鲤鱼跃龙门成功。如图1-14-5所示。

游戏示范:教师先做一次示范,讲解规则,鼓励表现好的幼儿。

注意事项:在游戏中,幼儿要站好一起跳,避免争抢、相撞;配课教师及时恢复器械的摆放位置,帮助、指导跳得不好的幼儿。

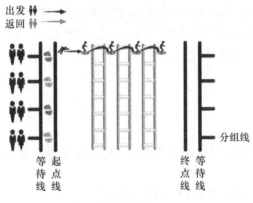

图 1-14-5

（三）结束部分

（1）活动小结：教师带领幼儿一起回顾掌握的新技能，即立定跳远，简单总结活动情况。

（2）放松活动：组织幼儿找到一个好朋友面对面、手拉手，教师播放放松操音乐，教师和幼儿一起跳放松操。

（3）整理器械：教师和幼儿一起整理器械。

第十五节　机器人传球

一、活动目标

（1）掌握传球的技巧。

（2）增强上肢及腰腹力量，提高其身体的柔韧性及协调性。

（3）在一物多玩中感受体育游戏的乐趣。

二、活动重点

掌握传球的技巧。

三、活动难点

掌握不同情境中适宜的传球位置，顺利完成传球游戏。

四、活动准备

（1）经验准备：有玩球的经验。

（2）物质准备。

① 场地：用胶带贴出起点线和终点线，两条线相距10米，起点线和终点线各长8米；分别在起点线和终点线后1.2米处贴出一条等待线。

② 器械：跳跳球、小跨栏。

五、活动过程

（一）开始部分

教师通过儿歌的形式调整幼儿站位，边说边调整幼儿站位，引导幼儿保持间隔距离四散站好。

（1）师："伸伸手，排排队，位置不够往后退！"

师:"手打开,转一转,位置不够两边散!"

(2) 热身操:播放热身音乐,教师和幼儿一起跳热身操。

(3) 队列准备:女孩排成一排,站在起点线上;男孩排成一排,站在女孩后面的等待线上。

(二) 基本部分

1. 创设情境,导入活动

教师导入游戏环节:"每人找到一个好朋友面对面、手拉手。从现在开始,你们两个机器人就是好朋友,游戏时要一直在一起。"(教师模仿机器人的声音说话)

2. 游戏:机器人传球

第一关:双手胸前传球给队友

游戏规则:给每对小机器人发一个跳跳球。教师示范双手胸前传球,并且大声喊:"给你"!幼儿传球 10 次,要求在传球过程中,球不能掉落,如图 1-15-1 所示。

游戏示范:教师先做一次示范,然后开始游戏。

注意事项:教师提醒幼儿传球高度要适中,不要砸到好朋友。

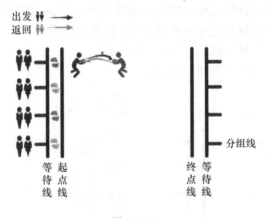

图 1-15-1

第二关:分别从头顶和两腿中间传球

游戏规则:师:"这样太简单了吧,我们要增加难度。"教师继续示范,让幼儿背靠背,将球从两腿之间传给对方,对方也从两腿之间接住球(如图 1-15-2 所示);然后幼儿直起身,从头上传球,对方也马上直起身,从头上接球(如图 1-15-3 所示)。幼儿互相传递 10 次。

游戏示范:教师先做一次示范,然后带着不爱动的幼儿一起游戏。

注意事项:幼儿从头上传球时和站起来时要小心发生头部碰撞,弯腰时注意不要把好朋友顶倒。

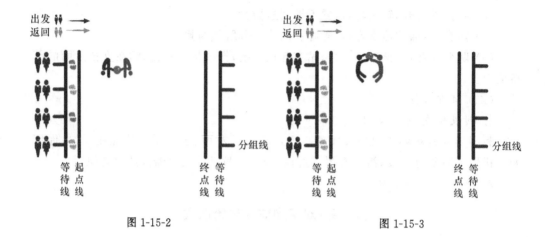

图 1-15-2　　　　　　　　　图 1-15-3

第三关：距离从 1 米增加到 2 米，并在中间加上跨栏

游戏规则：两个幼儿面对面地坐在地上，相距 1 米，双腿打开。幼儿用双手把球传给对方，同时大声喊"给你"，对面的幼儿接到球后将球推回去，如图 1-15-4 所示。在幼儿熟悉推接球后，教师将推球距离增加到 2 米，并且在两个幼儿之间摆放迷你跨栏，要求幼儿传球时让球穿过迷你跨栏，如图 1-15-5 所示。

游戏示范：教师先做一次示范，然后开始游戏。

注意事项：在传递过程中球不宜过高。

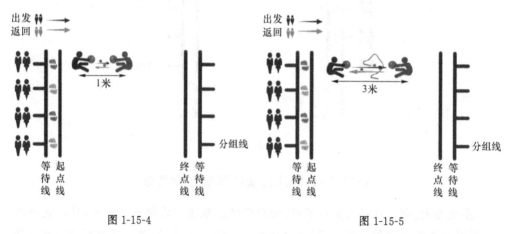

图 1-15-4　　　　　　　　　图 1-15-5

（三）结束部分

（1）活动小结：教师带领幼儿一起回顾掌握的技能，即传球，简单总结活动情况。

（2）放松活动：组织小朋友找到一个好朋友面对面、手拉手，教师播放放松操音乐，教师和幼儿一起跳放松操。

（3）整理器械：教师和幼儿一起整理器械。

第十六节　小猫和巫婆

一、活动目标

(1) 掌握正钻、倒钻和侧钻的动作技巧。
(2) 增强上肢和下肢力量。
(3) 初步体验与同伴协作游戏带来的快乐。

二、活动重点

掌握正钻、倒钻和侧钻的动作技巧。

三、活动难点

钻的时候,身体不碰触障碍物。

四、活动准备

(1) 经验准备:有玩过钻爬游戏的经验。
(2) 物质准备。
① 场地:用胶带贴出起点线和终点线,两线相距10米,起点线和终点线各长8米;分别在起点线和终点线后1.2米处贴出一条等待线。
② 器械:标志桶、长标杆、软飞盘。
③ 器械摆放:教师先把标志桶和长标杆连接起来,注意标杆插在从上往下的第二个孔,组合12个。

五、活动过程

(一) 开始部分

教师通过儿歌的形式调整幼儿站位,边说边调整幼儿站位,引导幼儿保持间隔距离四散站好。
(1) 师:"伸伸手,排排队,位置不够往后退!"
　　师:"手打开,转一转,位置不够两边散!"
(2) 热身操:播放热身音乐,教师和幼儿一起跳热身操。

(3)队列准备:女孩排成一排,站在起点线上;男孩排成一排,站在女孩后面的等待线上。

(二)基本部分

1. 创设情境,导入活动

教师导入游戏环节:"今天,我们都变成了小猫,要互相帮助,争取都不要被老巫婆抓住!"

2. 游戏:小猫和巫婆

第一关:幼儿用不同的方式钻过障碍物

游戏规则:教师将四个组合物紧挨着合成横排,间距2米摆放两排。幼儿从起点出发,从组合物下面钻过去(分别用正钻、倒钻、侧钻)到达终点,然后用同样的动作返回起点,如图1-16-1所示。请幼儿按性别分组出发,每个幼儿往返两次。

游戏示范:教师先做一次示范,然后开始游戏。

注意事项:教师提醒幼儿在钻的过程中避免发生碰撞。

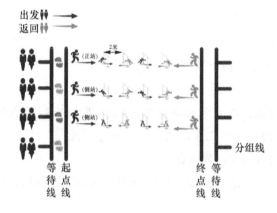

图 1-16-1

第二关:幼儿拿回软飞盘然后坐在上面

游戏规则:教师在终点摆放软飞盘,幼儿用自己最喜欢的方式钻到终点拿到软飞盘后返回起点,教师引导幼儿坐在软飞盘上面,当作小猫的家,如图1-16-2所示。

游戏示范:教师先做一次示范,然后带着不爱动的幼儿一起游戏。

注意事项:教师提醒幼儿在钻的过程中避免发生碰撞。

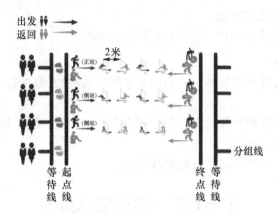

图 1-16-2

第三关：男孩躺在圆形里，女孩去救男孩

游戏规则：教师利用小猫的休息时间，总结钻的技巧。教师快速用组合物在场地中间摆出一个圆形，接着引导幼儿拿着软飞盘围着圆形摆出一个大圆形，两圆间隔3米。教师请男孩躺在里面的圆形里，假装被大巫婆抓到了。但是，大巫婆有听见公鸡叫会睡觉的习惯，所以女孩要学三声公鸡叫，等大巫婆睡着了，男孩就从围着的圆形下面钻出来，爬回自己的家里。第一组由女孩拯救男孩。成功之后，角色互换。游戏六次，如图1-16-3所示。

游戏示范：教师先做一次示范，然后开始游戏。

注意事项：在逃跑过程中，幼儿应避免发生碰撞。

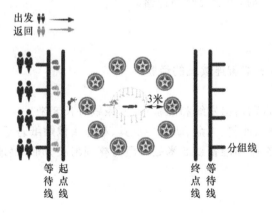

图 1-16-3

第四关：教师拯救所有幼儿

游戏规则：教师请所有幼儿都到圆形里去，自己当作公鸡，拯救幼儿出来。

游戏示范:示范生动有趣。

注意事项:在逃跑过程中,幼儿应避免发生碰撞。

(三) 结束部分

(1) 活动小结:教师带领幼儿一起回顾掌握的新技能,即正钻、倒钻和侧钻,简单总结活动情况。

(2) 放松活动:组织幼儿找到一个好朋友面对面、手拉手,教师播放放松操音乐,教师和幼儿一起跳放松操。

(3) 整理器械:教师和幼儿一起整理器械。

第十七节　勤劳的小兔子

一、活动目标

(1) 能双腿夹物向前行进跳。

(2) 增强下肢肌肉力量。

(3) 体验与同伴共同游戏的乐趣。

二、活动重点

能双腿夹物向前行进跳。

三、活动难点

双腿夹物行进跳时,不能让物品掉落。

四、活动准备

(1) 经验准备:有双脚连续跳的经验。

(2) 物质准备。

① 场地:用胶带贴出出发线和准备线,两条线各长8米。

② 器械:魔力棒、沙包、飞盘、胡萝卜玩具、小兔头像贴纸若干(黑兔、白兔)。

③ 器械摆放:在距离准备线8米处用魔力棒围出长方形"菜地"。

五、活动过程

(一) 开始部分

教师通过儿歌的形式带领幼儿分别站在出发线和准备线上,并调整好热身的位置。

(1) 师:"我是兔子妈妈,你们是兔子宝宝。兔子宝宝们跟着妈妈一起拔萝卜去吧。"

（2）热身操：播放热身音乐，教师和幼儿一起跳热身操。

师："我来看看我的宝贝们都到家了吗？刚才我们把家门口的萝卜都拔光了，听说前面的树林里很适合种萝卜，想不想跟着兔子妈妈一起种萝卜去呀？我们先活动活动身体再出发吧。"

（二）基本部分

1. 创设情境，导入活动

教师导入游戏环节："兔子宝宝们，你们准备好去前面的树林里种萝卜了吗？去往树林的路上有小河，要注意安全哦！"

2. 游戏：小兔子种萝卜

第一关：种萝卜

游戏规则：女生（白兔）站在出发线上，男孩（黑兔）站在准备线上。主课教师先带领女孩双腿夹住沙包向前跳到终点，将沙包放在菜地后，从小河旁双脚连续跳，跳回起点，如图1-17-1所示。待女孩返回后，配课教师带领男孩按照同样的规则进行游戏，如图1-17-2所示。

师："想要收获好吃的萝卜，就要先把种子（沙包）种到土里，兔子宝宝们要像兔子妈妈这样，双腿夹住种子向前跳（教师示范动作），只有双腿夹得紧紧的，种子才不会掉下来哦！"

游戏示范：教师示范双腿夹紧沙包向前跳的动作。

注意事项：教师带着幼儿到指定的位置后，根据情境带领幼儿挖土、播种，并让幼儿将种子（沙包）放在终点线上，然后双脚连续跳返回。

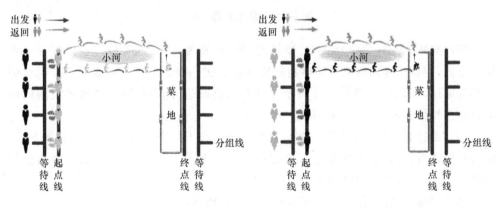

图1-17-1　　　　　　　　　　图1-17-2

第二关:给萝卜浇水

游戏规则:女孩(白兔)站在出发线上,男孩(黑兔)站在准备线上。主课教师带领女孩先出发,女孩用双腿夹住飞盘向前跳到终点,用飞盘做给种子浇水的动作后,跟随教师从小河旁夹住飞盘跳回起点,将飞盘放在指定位置,如图 1-17-3 所示。待女孩返回后,配课老师带领男孩按照同样的规则进行游戏,如图 1-17-4 所示。

师:"几天过去了,小种子们都渴了,我们去给它们浇浇水吧。兔子妈妈为你们准备了小水壶,我们还是要双腿夹住小水壶跳到那片树林里哦!"

游戏示范:教师示范双腿夹紧飞盘向前跳的动作。

注意事项:从终点线返回时,幼儿双腿夹住飞盘。配课教师待幼儿返回后,立即将沙包换成胡萝卜玩具。

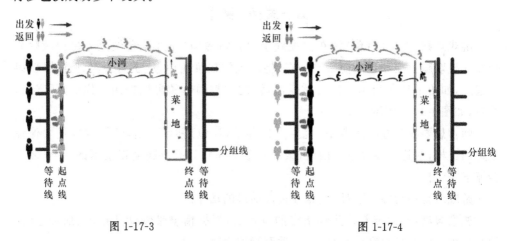

图 1-17-3　　　　　　　　　图 1-17-4

第三关:拔 胡 萝 卜

游戏规则:女孩(白兔)站在出发线上,男孩(黑兔)站在准备线上。教师带领女孩先出发,双脚连续向前跳过障碍物到达终点后拔一颗胡萝卜夹在双腿间跟随教师从小河旁返回起点,如图 1-17-5 所示。待女孩返回后,配课教师带领男孩按照同样的规则进行游戏,如图 1-17-6 所示。

师:"经过我们的精心照顾,胡萝卜终于长出来了。今天我们要去拔胡萝卜了,但是你们快看,在我们去往胡萝卜地的路上长了很多小草,兔子宝宝们要像兔子妈妈这样,双脚并拢连续地跳过小草。"

游戏示范:教师示范双腿夹紧连续向前跳过障碍物的动作。

注意事项:每个幼儿取一个胡萝卜玩具,双腿夹紧胡萝卜返回终点。

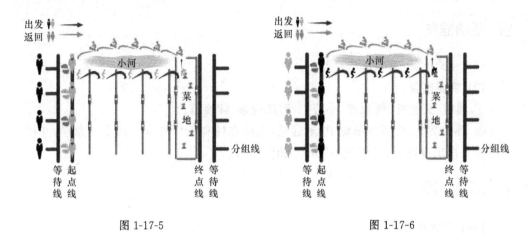

图 1-17-5　　　　　　　　　　图 1-17-6

（三）结束部分

（1）分享胡萝卜：全体幼儿双腿夹紧胡萝卜玩具后跳着去找任意一位教师送胡萝卜。

（2）放松活动：组织幼儿找到一个好朋友面对面、手拉手，教师播放放松操音乐，教师和幼儿一起做放松运动。

（3）整理器械：教师和部分幼儿一起整理器械。

第十八节　豌豆射手

一、活动目标

（1）掌握持物跑和向上自然投掷的技能。
（2）增强身体的协调性。
（3）愿意参加体育游戏活动，体验游戏带来的快乐。

二、活动重点

掌握持物跑和向上自然投掷的技能。

三、活动难点

掌握正确的投掷方法，并保持一定的掷准率。

四、活动准备

（1）经验准备：有投掷的经验。
（2）物质准备。
① 器械：长标杆、鳄鱼球、小跨栏、泡沫面条、转换器。
② 器械摆放：教师在场地10米远处，用标志桶和长标杆摆出四个三角形，并用泡沫面条摆出投掷线，投掷线与三角形相距3米。

五、活动过程

（一）开始部分

教师通过儿歌的形式调整幼儿站位，边说边调整幼儿站位，引导幼儿保持间隔距离四散站好。

（1）师："伸伸手，排排队，位置不够往后退！"
　　师："手打开，转一转，位置不够两边散！"
（2）热身操：播放热身音乐，教师和幼儿一起跳热身操。
（3）队列准备：教师用"荷花荷花"分组游戏将幼儿分成人数相等的4组后进入运动场地。

（二）基本部分

1. 创设情境，导入活动

教师导入游戏环节："今天，小朋友们要变成豌豆射手了，看谁投得最准。"

2. 游戏：豌豆射手

第一关：抱着鳄鱼球跑到投掷线处，双手把鳄鱼球投掷到三角形里

游戏规则：师："现在，我们变成豌豆射手了。我给即将出发的小朋友每人发一个鳄鱼球。"教师示范游戏，首先抱着鳄鱼球跑到投掷线处，用双手把鳄鱼球投掷到前面的三角形里；然后跑过去捡起鳄鱼球跑回来，交给身后的幼儿，自己站到队尾，如图1-18-1所示。幼儿依次出发，教师应提醒幼儿提高投掷动作的准确性。每个幼儿出发五次。

游戏示范：教师先做一次示范，然后带着不爱动的幼儿一起游戏。

注意事项：在进出三角形时，幼儿要抬起膝盖跨过横杆以防摔倒；在跑步时，幼儿应分散开，避免互相碰撞。

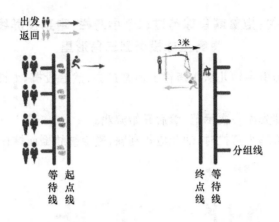

图 1-18-1

**第二关：抱着鳄鱼球绕过三个小跨栏，跑到投掷线处，
将鳄鱼球投掷到三角形里**

游戏规则： 首先，教师和幼儿讨论关于怎样才能把鳄鱼球投掷到三角形里的问题；然后，教师在幼儿出发的路上摆放三个小跨栏增加游戏难度，每个小跨栏间隔2米。师："刚才，可恶的僵尸家族在平坦的路上装上了毒蘑菇，我们要小心地绕过去，千万不要碰到毒蘑菇啊！"教师示范游戏，首先抱着鳄鱼球绕过三个小跨栏，跑到投掷线处，将鳄鱼球投掷到三角形里，然后捡起鳄鱼球返回起点，交给下一个幼儿，自己站到队尾，如图 1-18-2 所示。每个幼儿出发五次。

游戏示范： 教师先做一次示范，然后带着不爱动的幼儿一起游戏。

注意事项： 在绕过跨栏时，幼儿应注意不要被绊倒；在跑步时，幼儿应分散开，避免互相碰撞。

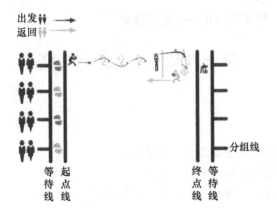

图 1-18-2

第三关:抱着鳄鱼球跨过三个小跨栏,跑到投掷线处,将鳄鱼球投掷到三角形里

游戏规则:教师引导幼儿从小跨栏上面跨过去,然后投掷,如图1-18-3所示。每个幼儿出发三次。

游戏示范:教师先做一次示范,然后开始游戏。

注意事项:在跨越小跨栏时,幼儿应抬高腿,避免被绊倒而摔伤。

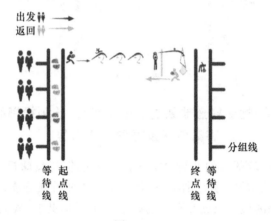

图1-18-3

(三)结束部分

(1)活动小结:教师带领幼儿一起回顾掌握的新技能,即持物跑和向上自然投掷,简单总结活动情况。

(2)放松活动:组织幼儿找到一个好朋友面对面、手拉手,教师播放放松操音乐,教师和幼儿一起跳放松操。

(3)整理器械:教师和幼儿一起整理器械。

第十九节 小海狮练本领

一、活动目标

(1)掌握蹲走运球和手膝爬运球的方法。

(2)提高四肢协调性和快速反应的能力。

(3)愿意和同伴一起游戏,体验游戏带来的快乐。

二、活动重点

掌握蹲走运球和手膝爬运球的方法。

三、活动难点

运球时,要使跳跳球沿指定线路前进。

四、活动准备

(1) 经验准备:有滚球的经验。

(2) 物质准备。

① 场地:用胶带贴出起点线和终点线,两条线相距10米,起点线和终点线各长8米。

② 器械:跳跳球、标志桶、泡沫面条、转换器。

③ 游器械摆放:教师先在场地用泡沫面条摆出10米长的直线。

五、活动过程

(一) 开始部分

教师通过儿歌的形式调整幼儿站位,边说边调整幼儿站位,引导幼儿保持间隔距离四散站好。

(1) 师:"伸伸手,排排队,位置不够往后退!"

师:"手打开,转一转,位置不够两边散!"

(2) 热身操:播放热身音乐,教师和幼儿一起跳热身操。

(3) 队列准备:女孩站在起点线上,男孩站在终点线上。

(二) 基本部分

1. 创设情境,导入活动

教师导入游戏环节:"今天,我们都变成了小海狮,小海狮要学会很多种滚球的方法。来吧,我们一起加油吧!"

2. 游戏:小海狮练本领

第一关:幼儿沿直线将跳跳球用手滚到终点

游戏规则:教师先给每个幼儿发一个跳跳球,然后带领幼儿走到直线的起点。幼儿蹲下去,将跳跳球放在体侧,单手放在球上拨动跳跳球,使跳跳球沿着直线滚动到终点,然后抱着跳跳球从右侧跑回起点,如图1-19-1所示。

游戏示范：教师先做一次示范，然后带着不爱动的幼儿一起游戏。

注意事项：教师应注意幼儿的出发间隔，避免其相撞。

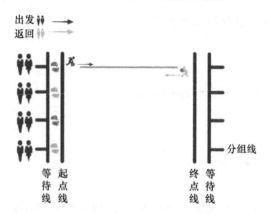

图 1-19-1

第二关：幼儿沿 S 形将跳跳球用手滚到终点

游戏规则：当每个幼儿直线运球都成功后，配课教师把直线变成 S 形。主课教师带领幼儿继续沿着 S 形前进。每人都运球成功后，教师给予幼儿掌声鼓励。每个幼儿往返两次，如图 1-19-2 所示。

游戏示范：教师先做一次示范，然后带着不爱动的幼儿一起游戏。

注意事项：教师应注意幼儿的出发间隔，避免相撞。

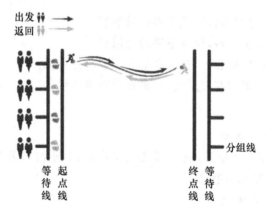

图 1-19-2

第三关：幼儿用头把跳跳球推到终点

游戏规则：师："我觉得小朋友们用手运球太简单了，接下来要增加难度啦！"首先幼儿在地面手膝爬,然后用头去顶跳跳球,通过颈部发力使跳跳球滚动前进。幼儿和跳跳球沿着直线前进,到达终点后幼儿抱着跳跳球跑回起点,如图 1-19-3 所示。幼儿依次出发,教师注意幼儿的动作,不断地给予幼儿指导。每个幼儿出发一次。

游戏示范: 教师先做一次示范,并和幼儿讨论用头运球的技巧和方法。

注意事项: 在手膝爬的过程中,幼儿手臂应有力支撑,以避免脸部碰到地面。

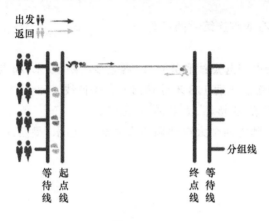

图 1-19-3

(三) 结束部分

(1) 活动小结:教师带领幼儿一起回顾掌握的新技能,即蹲走、手膝爬的同时运球,简单总结活动情况。

(2) 放松活动:组织幼儿找到一个好朋友面对面、手拉手,教师播放放松操音乐,教师和幼儿一起跳放松操。

(3) 整理器械:教师和幼儿一起整理器械。

第二十节 小小搬运工

一、活动目标

(1) 巩固双脚向前行进跳的技巧。

(2) 锻炼腿部力量,增强其肌肉耐力。

(3) 体验和同伴共同游戏的快乐。

二、活动重点

巩固双脚向前行进跳的技巧。

三、活动难点

能坚持双脚同时向前行进跳一段距离。

四、活动准备

(1) 经验准备:有双脚连续跳的经验。
(2) 物质准备。
① 场地:用胶带贴出起点线和终点线,两条线相距10米,起点线和终点线各长8米;分别在起点线和终点线后1.2米处贴出一条等待线。
② 器械:泡沫面条、连接器、太空梯、六色盘。
③ 器械摆放:教师将四个太空梯调整为每格50厘米,呈四列间隔1.5米摆放在场地中间。

五、活动过程

(一) 开始部分

教师通过儿歌的形式调整幼儿站位,边说边调整幼儿站位,引导幼儿保持间隔距离四散站好。
(1) 师:"伸伸手,排排队,位置不够往后退!"
　　师:"手打开,转一转,位置不够两边散!"
(2) 热身操:播放热身音乐,教师和幼儿一起跳热身操。
(3) 队列准备:女孩站在起点线上,男孩站在等待线上。

(二) 基本部分

1. 创设情境,导入活动

教师导入游戏环节:"今天,我们要建几所小房子,每个幼儿都要当搬运工。等房子建好了,幼儿就可以寻找一所自己喜欢的房子住进去啦!"

2. 游戏:小小搬运工

第一关:幼儿双脚连续跳过每一个格子,练习跳跃

游戏规则:女孩先从起点开始,双脚连续跳过每一个格子,到达终点,然后从右侧返回起点,站到男孩后面,男孩出发,如图1-20-1所示。

游戏示范:教师先做一次示范,然后幼儿开始游戏。

注意事项:教师提醒幼儿从右侧跑回起点,避免与其他幼儿发生碰撞。

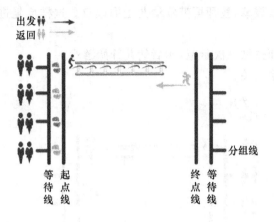

图 1-20-1

第二关：每个小搬运工搬运建材，给配课教师搭建房子

游戏规则：幼儿从起点每次拿一根泡沫面条，从太空梯上跳到终点，将泡沫面条交到终点处的配课教师手里，然后从右侧跑回起点。每个幼儿运送两根泡沫面条。终点处的配课教师将拿到的泡沫面条摆出 4～6 个图形（△、□、◇、○等形状），如图 1-20-2 所示。

游戏示范：教师先做一次示范，然后带着不爱动的幼儿一起游戏。

注意事项：在跳太空梯时，幼儿应排队，一个接着一个过，不能拥挤；太空梯容易被幼儿跳变形，教师应及时将其拉直，避免幼儿被绊倒。

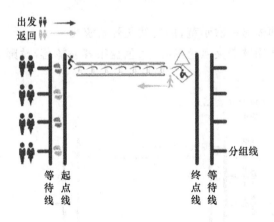

图 1-20-2

第三关：房子建好了，幼儿找一所自己喜欢的房子坐进去

游戏规则：幼儿双脚向前行进跳，跳过太空梯，到终点选一个图形的房子跳进去并坐下来,给自己鼓鼓掌,教师再带着幼儿走回起点。这样反复进行三次游戏,如图1-20-3所示。

游戏示范:教师先做一次示范,然后幼儿开始游戏。

注意事项:同第二关。

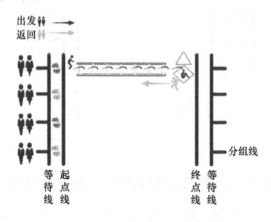

图 1-20-3

第四关:幼儿发现肚子有些饿了,要出去找一些吃的

游戏规则:教师在起点散放一些六色盘。师:"我们一起去找一些蘑菇回来吃吧!"教师带领幼儿跑到起点,每人拿一个六色盘,用膝盖夹住,幼儿依次从太空梯上跳回终点,将六色盘放到自己的房子里,如此反复,最后看哪个房子里的蘑菇最多,如图1-20-4所示。

游戏示范:教师先做一次示范,然后幼儿开始游戏。

注意事项:幼儿用膝盖夹六色盘时,六色盘很容易掉落,教师应及时鼓励和指导幼儿。

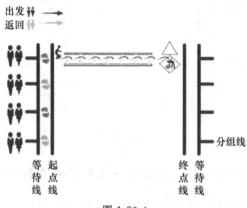

图 1-20-4

（三）结束部分

（1）活动小结：教师带领幼儿一起回顾掌握的新技能，即双脚向前行进跳，简单总结活动情况。

（2）放松活动：组织幼儿找到一个好朋友面对面、手拉手，教师播放放松操音乐，教师和幼儿一起跳放松操。

（3）整理器械：教师和幼儿一起整理器械。

第二十一节　小小特种兵

一、活动目标

（1）掌握跨跳的动作技巧。
（2）提高身体的协调性，发展腿部力量。
（3）乐于接受挑战，体验游戏带来的快乐。

二、活动重点

掌握跨跳的动作技巧。

三、活动难点

能控制好身体完成跨跳动作。

四、活动准备

（1）经验准备：有玩过跨跳游戏的经验。
（2）物质准备。
① 场地：用胶带贴出起点线和终点线，两条线相距10米，起点线和终点线各长8米；分别在距起点线和终点线1.2米处贴出一条等待线；在等待线上贴出分组线，分组线之间相距1.2米。
② 器械：太空梯4条、六色盘若干、跨栏（小）、沙包若干、体操圈8个。
③ 器械摆放：教师将四个太空梯调整为每格50厘米，呈四列且间隔1.5米摆放到场地中间。

五、活动过程

（一）开始部分

教师通过儿歌的形式调整幼儿站位，边说边调整幼儿站位，引导幼儿保持间隔

距离四散站好。

(1) 师:"伸伸手,排排队,位置不够往后退!"
     师:"手打开,转一转,位置不够两边散!"
(2) **热身操**:播放热身音乐,教师和幼儿一起跳热身操。
(3) **队列准备**:通过分组游戏"荷花荷花"将幼儿分成4组。

(二) 基本部分

1. 创设情境,导入活动

教师导入游戏环节:"今天,小朋友们都是特种部队的队员,队员要训练运送弹药。在运送弹药的途中会出现很多地雷和大石头,我们要跳过去,成功地运送弹药。"

2. 游戏:小小特种兵

第一关:运送弹药

游戏规则:教师在距离太空梯两端2米处各放一个体操圈,在每个体操圈内放置两倍幼儿人数的沙包。首先请幼儿依次从起点拿一个沙包双脚跳到终点,将沙包放在体操圈里后从右侧返回,直到将沙包运完为止,如图1-21-1所示。

游戏示范:教师先做一次示范,然后幼儿开始游戏。

注意事项:教师应注意幼儿出发的间隔,避免相撞;太空梯容易被幼儿跳变形,配课教师应及时将其拉直,避免幼儿被绊倒。

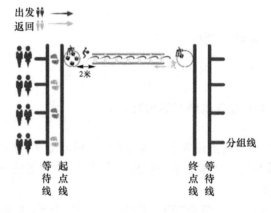

图 1-21-1

第二关:躲避地雷

游戏规则:师:"特种部队运送弹药的任务很轻松就完成了,小朋友们给自己鼓鼓掌!"主课教师请配课教师在太空梯每根横板上摆放一个六色盘。师:"接下来,小朋友们依次将终点的弹药运回去,在运送的途中会有很多地雷(六色盘),我们要躲避地雷,从地雷上跳过去,然后从右侧跑回将沙包运完。"如图 1-21-2 所示。

游戏示范:教师先做一次示范,然后带着不爱动的幼儿一起游戏。

注意事项:同第一关。

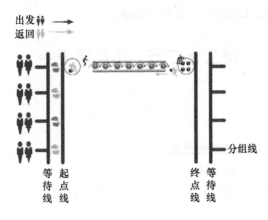

图 1-21-2

第三关:跳过大石头

游戏规则:教师继续在每条太空梯上摆放两个小跨栏当作大石头,这次运送弹药时,队员都要从大石头上跳过去,直到将弹药运完为止,如图 1-21-3 所示。

游戏示范:教师先做一次示范,指导并帮助个别动作不协调的幼儿。

注意事项:跳小跨栏的难度大,完成不了的幼儿可以跨过去;教师及时扶正倒下的跨栏。

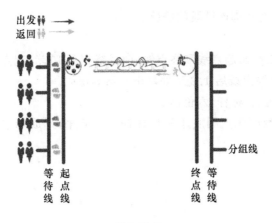

图 1-21-3

(三) 结束部分

(1) 活动小结:教师带领幼儿一起回顾掌握的新技能,即跨跳,简单总结活动情况。

(2) 放松活动:组织幼儿找到一个好朋友面对面、手拉手,教师播放放松操音乐,教师和幼儿一起跳放松操。

(3) 整理器械:教师和幼儿一起整理器械。

第二十二节　小小捕蝶手

一、活动目标

(1) 掌握双脚向前行进跳的技能。

(2) 提高运动能力及协调性。

(3) 愿意参加体育游戏活动,培养其持之以恒的品质。

二、活动重点

掌握正确双脚向前行进跳的方法。

三、活动难点

能身体协调的连续向前跳一段距离。

四、活动准备

(1) 经验准备:有双脚连续跳的经验。

(2) 物质准备。

① 场地:用胶带贴出起点线和终点线,两条线相距10米,起点线和终点线各长8米;分别在起点线和终点线后1.2米处贴出一条等待线。

② 器械:圆底座、长标杆、六色盘。

③ 器械摆放:教师先把圆底座和长标杆组合起来,形成标志桩,并分散放在场地中。

五、活动过程

(一) 开始部分

教师通过儿歌的形式调整幼儿站位,边说边调整幼儿站位,引导幼儿保持间隔距离四散站好。

(1) 师:"伸伸手,排排队,位置不够往后退!"

师:"手打开,转一转,位置不够两边散!"
(2) 热身操:播放热身音乐,教师和幼儿一起跳热身操。
(3) 队列准备:女孩站在起点线上,男孩站在等待线上。

(二) 基本部分

1. 创设情境,导入活动

教师导入游戏环节:"今天,小朋友们要变成捕蝶人,捕一些彩蝶放到标志桩里,比一比谁是捕蝶能手。"

2. 游戏:小小捕蝶手

第一关:捕 彩 蝶

游戏规则:教师把六色盘全部散落在地面上当作彩蝶,请幼儿每次抓一只彩蝶,用膝盖夹着跳至离自己最近的标志桩,并将彩蝶放在里面。直到所有的彩蝶全部被捕完,幼儿回到起点,如图 1-22-1 所示。

游戏示范:教师先做一次示范,然后幼儿开始游戏。

注意事项:教师应注意幼儿的出发间隔,避免相撞;够不着标志桩的幼儿可以将标志桩放倒,将彩蝶放进去后再扶起;幼儿应尽量寻找空闲的标志桩放彩蝶,若标志桩前幼儿较多,应依次排队等待。

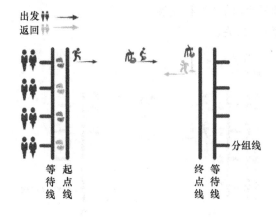

图 1-22-1

第二关:男孩和女孩分开捕彩蝶,比一比谁抓得多

游戏规则:师:"小小捕蝶手身手敏捷,很快就完成了任务,一起鼓鼓掌!接下来,男孩和女孩来个小比赛吧!"教师把男孩和女孩分开,把标志桩也分开。六色盘还是散落在场地,幼儿分别往自己一方的标志桩里面放彩蝶。共进行三组比赛,如图 1-22-2 所示。

游戏示范:教师发令,幼儿进行比赛。
注意事项:配课教师及时扶正被碰倒的标志桩。

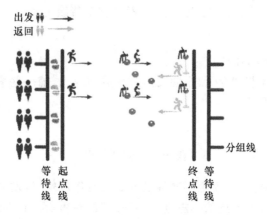

图 1-22-2

第三关:男孩和女孩分别抓不同颜色的彩蝶

游戏规则:男孩只能捕紫色、蓝色、橙色的彩蝶,小女孩只能捕红色、黄色、绿色的彩蝶,看看谁先完成捕抓。共进行三组比赛,如图 1-22-3 所示。
游戏示范:教师发令,幼儿进行比赛。
注意事项:同第一、二关。

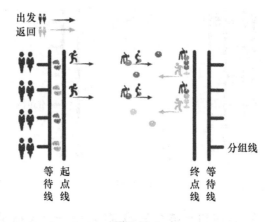

图 1-22-3

(三) 结束部分

(1)活动小结:教师带领幼儿一起回顾掌握的新技能,即双腿向前行进跳,简单总结活动情况。

(2)放松活动:组织幼儿找到一个好朋友面对面、手拉手,教师播放放松操音乐,教师和幼儿一起跳放松操。

(3) 整理器械:教师和幼儿一起整理器械。

第二十三节　小骑手

一、活动目标

(1) 掌握双腿夹物向前行进跳的技能。

(2) 增强腿部力量,提高弹跳力。

(3) 愿意参与有挑战性的体育游戏活动,体验成功带来的快乐。

二、活动重点

掌握双腿向前行进跳的动作技巧。

三、活动难点

能双脚同时向前行进跳一段距离。

四、活动准备

(1) 经验准备:有双脚连续跳的经验。

(2) 物质准备。

① 场地:用胶带贴出起点线和终点线,两条线相距10米,起点线和终点线各长8米;分别在起点线和终点线后1.2米处贴出一条等待线。

② 器械:泡沫面条若干、标志桶若干、溜溜布(宽)。

③ 器械摆放:教师在终点线后摆放溜溜布。

五、活动过程

(一) 开始部分

教师通过儿歌的形式调整幼儿站位,边说边调整幼儿站位,引导幼儿保持间隔距离四散站好。

(1) 师:"伸伸手,排排队,位置不够往后退!"

　　师:"手打开,转一转,位置不够两边散!"

(2) 热身操:播放热身音乐,教师和幼儿一起跳热身操。

(3) 队列准备:女孩站在起点线上,男孩站在等待线上。

(二) 基本部分

1. 创设情境,导入活动

教师导入游戏环节:"小朋友们请看,前方有片青草地,我们先骑着小马去看看吧!"

2. 游戏:小骑手

第一关:教师带领幼儿认识和了解泡沫面条

游戏规则:教师给每个幼儿发放一根泡沫面条,引导幼儿观察泡沫面条的形状和颜色,判断其是否可以变形。看看哪个幼儿的力气大,能轻松地让泡沫面条变形,如图 1-23-1 所示。

游戏示范:教师做示范,双手抓住泡沫面条的两端,使其变成圆形或者 U 形。

注意事项:教师应避免幼儿在拿泡沫面条时发生冲突。

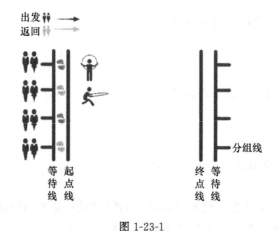

图 1-23-1

第二关:教师和幼儿一起骑着小马去看看前方的青草地

游戏规则:幼儿把泡沫面条夹在大腿之间,双手抱住泡沫面条的一端,双脚跳跃前进,跳向青草地。女孩先出发,站在终点后的等待线上,大声说:"男孩,请过来吧!"如图 1-23-2 所示。男孩听到叫声后出发,到达终点后,男孩骑着小马返回原地,如图 1-23-3 所示。共进行三次游戏。

游戏示范:教师先做一次示范,然后带着不爱动的幼儿一起游戏。

注意事项:教师应注意幼儿的出发间隔,避免相撞或踩到前面幼儿的小马尾巴。

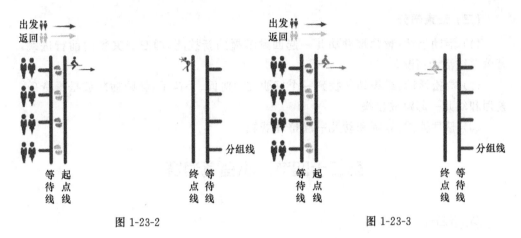

图 1-23-2　　　　　　　　　　　　图 1-23-3

第三关:幼儿在骑马去草地的途中要躲过魔法树

游戏规则:教师在平坦的路上分散摆设不规则的标志桶,标志桶之间间隔2米。师:"刚才路上长出了许多魔法树,谁碰到魔法树就会被它抓起来。小朋友们在骑马的途中要躲避魔法树,绕着走,不要被它抓到!"用第二关的方式,共进行三组游戏。如图1-23-4。

游戏示范:教师示范动作,引导幼儿一起探讨怎么做才不会碰倒魔法树。

注意事项:配课教师应及时扶起被碰倒的标志桶。

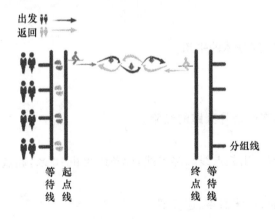

图 1-23-4

第四关:小马累了,幼儿让小马吃点草,喝点水

游戏规则:所有幼儿一起骑在马上,走到青草地让小马吃草、喝水。

游戏示范:教师示范小马吃草、喝水动作。

注意事项:教师应注意幼儿间隔距离,避免幼儿发生碰撞或摔倒。

(三）结束部分

（1）活动小结：教师带领幼儿一起回顾掌握的新技能，即双腿夹物向前行进跳，简单总结活动情况。

（2）放松活动：组织幼儿找到一个好朋友面对面、手拉手，教师播放放松操音乐，教师和幼儿一起跳放松操。

（3）整理器械：教师和幼儿一起整理器械。

第二十四节　小鱼竞速赛

一、活动目标

（1）掌握快速奔跑及快跑急停的方法。
（2）提高直线跑的速度及快跑急停的能力。
（3）愿意参加体育游戏活动，体验游戏带来的快乐。

二、活动重点

掌握快速奔跑及快跑急停的方法。

三、活动难点

在快跑急停中掌握身体的平衡。

四、活动准备

（1）经验准备：有听信号奔跑的经验。
（2）物质准备。
① 场地：用胶带贴出起点线和终点线，两条线相距10米，起点线和终点线各长8米。
② 器械：溜溜布、泡沫面条、连接器。
③ 器械摆放：在场地旁边用泡沫面条和连接器组成四个圆，每个圆由两根泡沫面条组成。

五、活动过程

（一）开始部分

教师通过儿歌的形式调整幼儿站位，边说边调整幼儿站位，引导幼儿保持间隔

距离四散站好。

(1) 师:"伸伸手,排排队,位置不够往后退!"

师:"手打开,转一转,位置不够两边散!"

(2) 热身操:播放热身音乐,教师和幼儿一起跳热身操。

(3) 队列准备:群体游戏,请所有小朋友站在起点线上。

(二) 基本部分

1. 创设情境,导入活动

教师导入游戏环节:"小朋友们都变成小鱼,游过渔网,不要被捕鱼人抓到哦!加油吧,小鱼们!"

2. 游戏:小鱼竞速赛

第一关:小鱼从 2 米处游过渔网

游戏规则:主课教师和配课教师分别抓住溜溜布的两端,在距溜溜布 2 米处摆好泡沫面条当作起跑线,小鱼站在泡沫面条的后面。师:"小朋友们现在变成小鱼,等到渔网'飞'起来的时候,小鱼从网下面游过去(如图 1-24-1 所示),这时捕鱼人会迅速把渔网拉下来,如果小鱼游得不够快,就会被捕鱼人抓到放入鱼篓里(如图 1-24-2 所示)。"男孩先出发。男孩穿过渔网后,女孩紧随其后,然后从右边老师身后返回到起点。往返三次(每次抓完小鱼后要请一条勇敢的小鱼把被抓的小鱼拯救回来)。

游戏示范:教师先做一次示范,然后带着不爱运动的幼儿一起游戏。

注意事项:幼儿钻过渔网时,应避免被绊倒或摔跤;在跑步时,幼儿应分散开,避免互相碰撞。

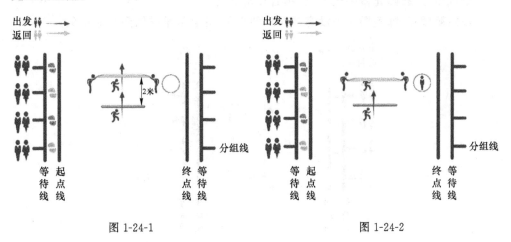

图 1-24-1　　　　　　　　　　图 1-24-2

第二关:小鱼从 4 米处游过渔网

游戏规则:这个距离对小鱼来说太简单了,教师要把小鱼游动的距离拉长。教师将起跑线向后(即往远离溜溜布的方向)移动 2 米,现在总距离是 4 米了。还是按照先男孩后女孩的顺序进行游戏,共进行三次游戏,如图 1-24-3 所示。

游戏示范:教师先做一次示范,然后带着不爱动的幼儿一起游戏。

注意事项:幼儿奔跑时一定是分散跑,避免冲撞。

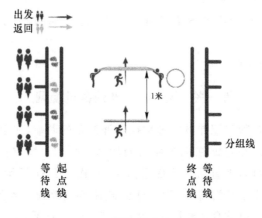

图 1-24-3

第三关:小鱼从 6 米处游过渔网

游戏规则:教师把距离增加到 6 米,如图 1-24-4 所示。

游戏示范:教师先做一次示范,然后开始游戏。

注意事项:教师表扬从来没有被抓到的小鱼,并且鼓励被抓到过的小鱼。

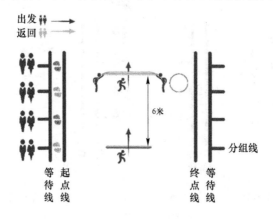

图 1-24-4

（三）结束部分

（1）活动小结：教师带领幼儿一起回顾掌握的新技能，即听信号向指定方向跑，简单总结活动情况。

（2）放松活动：组织幼儿找到一个好朋友面对面、手拉手，教师播放放松操音乐，教师和幼儿一起跳放松操。

（3）整理器械：教师和幼儿一起整理器械。

第二十五节　后羿射日

一、活动目标

（1）掌握单手肩上投掷的技巧。

（2）增强上肢力量和身体的协调性。

（3）遵守游戏规则，体验游戏带来的乐趣。

二、活动重点

掌握单手肩上投掷的正确方法。

三、活动难点

能掷远、掷准。

四、活动准备

（1）经验准备：有投掷的经验。

（2）物质准备。

① 场地：用胶带贴出起点线和终点线，两条线相距10米，起点线和终点线各长8米；分别在起点线和终点线后1.2米处贴出一条等待线；在等待线后贴出分组线，分组线之间相距1.2米。

② 器械：鳄鱼球、溜溜布、泡沫面条、连接器。

③ 器械摆放：教师将体操圈（泡沫面条和转换器组合）用长绳连在一起。

五、活动过程

（一）开始部分

（1）教师通过儿歌的形式调整幼儿站位，边说边调整幼儿站位，引导幼儿保持间隔距离四散站好。

师:"伸伸手,排排队,位置不够往后退!"

师:"手打开,转一转,位置不够两边散!"

(2)热身操:播放热身音乐,教师和幼儿一起跳热身操。

(3)队列准备:通过"荷花开"的游戏把幼儿分成6组后进入运动场地。

(二)基本部分

1. 创设情境,导入活动

教师导入游戏环节:"今天,先给小朋友们讲一个《后羿射日》的故事。在远古,天上同时出现了很多太阳,大地被烤得裂开了,庄稼也快渴死了,人们都不敢出来活动了,这该怎么办呢?有一个力量超群的人叫后羿,他拿出一把超级大弓箭,把多余的太阳都射了下来。今天,小朋友们也要变成勇敢的后羿,把太阳射下来。"

2. 游戏:后羿射日

第一关:幼儿在距离体操圈3米处投掷鳄鱼球

游戏规则:首先,请两个教师在距幼儿3米处把事先系好的绳子和体操圈拉起来。幼儿右手举起鳄鱼球,左腿向前迈出半步,瞄准吊着的体操圈,做拉弓射箭状把鳄鱼球投掷出去,使鳄鱼球穿过体操圈;然后,幼儿跑过去捡起鳄鱼球,跑回起点交给下一个幼儿,自己站到队尾,如图1-25-1所示。幼儿依次出发,每个幼儿完成五组,教师指导幼儿动作要领。

游戏示范:教师先做一次示范,然后带着不爱动的幼儿一起游戏。

注意事项:在跑步过程中,教师应让幼儿分散开,避免互相碰撞。

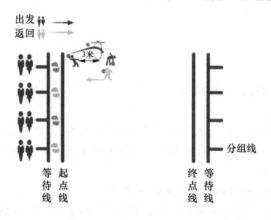

图 1-25-1

第二关:幼儿在距离体操圈4米处投掷鳄鱼球

游戏规则:邀请投掷动作标准的幼儿做示范,并描述他是如何投掷的。

师:"小朋友们都很棒,好多太阳都被你们射下来了,但是有的太阳升得很高,需要我们用更大的力量来射日。"引导刚才拉着体操圈的教师向前方迈一步,距离幼儿4米。幼儿依次出发,每个幼儿完成五组,如图1-25-2所示。

游戏示范:教师先做一次示范,然后带着不爱动的幼儿一起游戏。

注意事项:在捡球和跑步过程中,教师应让幼儿分散开,避免互相碰撞。

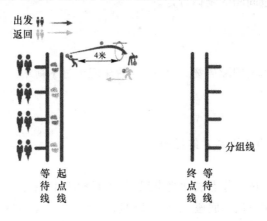

图 1-25-2

第三关:进行一场比赛,看看谁投掷得又远又准

游戏规则:师:"最后,我们进行一场比赛,看看谁投掷得又远又准!"两位教师把溜溜布举起来,让幼儿将鳄鱼球从溜溜布上方投掷过去。

游戏示范:教师指导动作,表扬掷得又远又准的幼儿。

注意事项:教师应避免幼儿踩到鳄鱼球而摔倒。

(三)结束部分

(1)活动小结:教师带领幼儿一起回顾掌握的技能,即单手肩上投掷,简单总结活动情况。

(2)放松活动:组织幼儿找到一个好朋友面对面、手拉手,教师播放放松操音乐,教师和幼儿一起跳放松操。

(3)整理器械:教师和幼儿一起整理器械。

第二十六节　小心,大鳄鱼

一、活动目标

(1)能在平衡木上较平稳地迈过间隔的物体行走。

(2)提高平衡能力和身体协调能力。

(3) 愿意参与有挑战性的游戏,体验成功的喜悦。

二、活动重点

能较平稳地迈过间隔的物体行走。

三、活动难点

敢于迈过平衡木上的障碍物,并用一定的速度走过平衡木。

四、活动准备

(1) 经验准备:有走平衡木的经验。

(2) 物质准备。

① 场地:用胶带贴出起点线和终点线,两条线相距10米。

② 器械:踩桶30对、圆底座12个、沙包若干。

③ 游戏:教师用踩桶和圆底座拼出七条平衡木,每条平衡木间隔10厘米,距起点2米。

五、活动过程

(一) 开始部分

教师通过儿歌的形式调整幼儿站位,边说边调整幼儿站位,引导幼儿保持间隔距离四散站好。

(1) 师:"伸伸手,排排队,位置不够往后退!"

　　师:"手打开,转一转,位置不够两边散!"

(2) 热身操:播放热身音乐,教师和幼儿一起跳热身操。

(3) 队列准备:两列整齐的队伍排队准备。

(二) 基本部分

1. 创设情境,导入活动

教师导入游戏环节:"小朋友们快看,前方的小河里藏着一条睡着的大鳄鱼,我们过小桥要轻轻地,千万不要吵醒了大鳄鱼。"

2. 游戏:大鳄鱼睡着了

第一关:保持平衡走小桥,看看大鳄鱼睡着了吗?

游戏规则:师:"小河里藏着大鳄鱼,让我们打开小手,小胳膊侧平举轻轻走过小桥,去看看大鳄鱼在干什么吧!"小朋友们胳膊侧平举走过平衡木到终点,然后返回起点,如图 1-26-1 所示。

游戏示范:教师示范胳膊侧平举的动作。

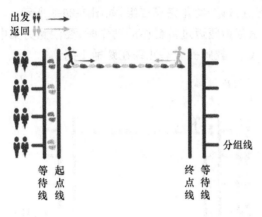

图 1-26-1

第二关:勇夺河里的小宝藏

游戏规则:师:"鳄鱼已经睡着了,河里藏着许多的小宝藏,请小朋友们勇敢地去寻找宝藏吧!"教师在每座小桥下面散放些沙包,幼儿走到小桥上面时弯腰捡起一个沙包走到终点,将沙包放好后从右侧返回起点,继续出发,直到所有的宝藏都被捡完,如图 1-26-2 所示。

游戏示范:教师示范站在小桥上弯腰捡沙包的动作。

注意事项:捡沙包时,幼儿尽量直腿弯腰。

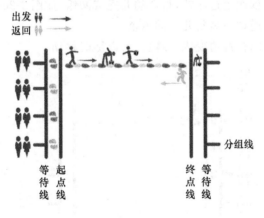

图 1-26-2

第三关:躲避毒蘑菇

游戏规则:师:"鳄鱼发现宝藏不见了,就在桥上种了许多毒蘑菇来保护自己,小朋友们过桥时一定要勇敢地跨过毒蘑菇,千万不要碰到毒蘑菇哦!"教师在小桥上面摆放雪糕杯,每个雪糕杯间隔 50 厘米。幼儿过小桥时抬腿迈过每一个毒蘑菇,到达终点后从右侧返回起点,每个幼儿完成三组,如图 1-26-3 所示。

游戏示范:教师示范抬腿迈过雪糕杯的动作时,要注意力集中,胳膊侧平举。

注意事项:在游戏中,教师提醒幼儿踩在踩桶中间。

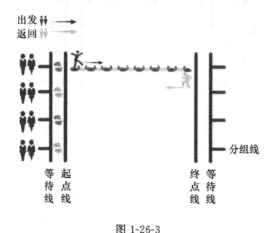

图 1-26-3

第四关:鳄鱼来了,勇敢地走过去

游戏规则:师:"鳄鱼睡醒了,会时不时地出现,请小朋友们勇敢地走过小桥,跨过障碍物,相信你们一定可以成功的。"教师拿走所有的雪糕杯后找一座小桥趴在旁边当作大鳄鱼,幼儿依次走过小桥,每个幼儿完成两组,如图 1-26-4 所示。

游戏示范:教师邀请一名幼儿共同示范。

注意事项:教师趴在桥边变成大鳄鱼,可以随时移动。

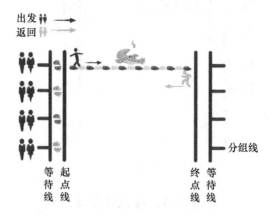

图 1-26-4

（三）结束部分

（1）活动小结：教师带领幼儿一起回顾掌握的新技能，即走平衡木，简单总结活动情况。

（2）放松活动：组织幼儿找到一个好朋友面对面、手拉手，教师播放放松操音乐，教师和幼儿一起跳放松操。

（3）整理器械：教师和幼儿一起整理器械。

第二十七节 跨栏冠军

一、活动目标

（1）掌握直线快速奔跑和跨跳障碍物的技巧。
（2）增强下肢力量和提高身体协调性。
（3）感受与同伴共同游戏的快乐。

二、活动重点

掌握直线快速奔跑和跨跳过障碍物的技巧。

三、活动难点

能身体协调地完成跨跳动作。

四、活动准备

（1）经验准备：有跨跳的经验。
（2）物质准备。
① 场地：用胶带贴出起点线和终点线，两条线相距10米，起点线和终点线各长8米；分别在起点线和终点线后1.2米处贴出一条等待线；在等待线上贴出分组线，分组线之间相距1.2米。
② 器械：跨栏（小）、标志桶、六色盘、梅花碟、长标杆。
③ 器械摆放：教师先在终点处摆放标志桶，然后摆放4~6组由小跨栏，每组器械由2个跨栏和1个组合栏组成，跨栏和组合栏相距3米。

五、活动过程

（一）开始部分

教师通过儿歌的形式调整幼儿站位，边说边调整幼儿站位，引导幼儿保持间隔距离四散站好。

(1) 师:"伸伸手,排排队,位置不够往后退!"
   师:"手打开,转一转,位置不够两边散!"
(2) 热身操:播放热身音乐,教师和幼儿一起跳热身操。
(3) 队列准备:通过分组游戏"马兰花"将幼儿分为4~6组。

(二) 基本部分

1. 创设情境,导入活动

教师导入游戏环节:"在奥运会田径赛场上有一项非常精彩的比赛是110米栏,今天我们就来一起争做跨栏小冠军吧!"

2. 游戏:跨栏冠军

第一关:小运动员跑步跨越跨栏接力往返跑

游戏规则: 幼儿首先从起点出发,跨过每一个栏架,到终点摸一下标志桶;然后,幼儿用同样的方式返回起点和下一个幼儿击掌后站到队尾,下一个幼儿出发,如图1-27-1所示。每个幼儿最少往返五次。

游戏示范: 教师先做一次示范,然后带着不爱动的幼儿一起游戏。

注意事项: 在跑步时,幼儿应分散开,避免互相碰撞;返回接力时,一定要等上一个幼儿停下来击掌过后,下一个幼儿再出发,避免正面相撞。

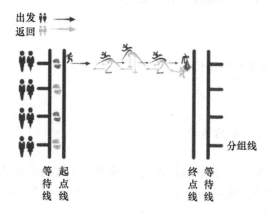

图 1-27-1

第二关:小运动员跑步跨越跨栏后拿六色盘接力往返跑

游戏规则: 教师在终点的标志桶上叠放六色盘,每个标志桶上的六色盘数量相等。师:"小朋友们的跨栏动作都非常标准,来给自己鼓鼓掌!现在,我要带领小朋友们来一次真正的比赛。小朋友们从起点跨栏到终点,取一个六色盘回来,放在队伍的前面和下一个小朋友击掌后站到队尾,下一个小朋友出发,看看哪一组最先把标志桶上的六色盘都取回来(如图1-27-2所示)。"

游戏示范：教师先做一次示范，然后带领不爱动的幼儿一起游戏。

注意事项：在跑步时，幼儿应分散开，避免互相碰撞；返回接力时，一定要等上一个幼儿停下来击掌后，下一个幼儿再出发，避免正面相撞。

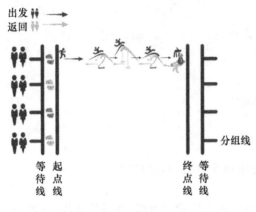

图 1-27-2

第三关：叠放六色盘，看看哪组叠得最高

游戏规则：教师组织幼儿把所有的六色盘叠放起来，看看能叠多高。师："小朋友们把六色盘都拿回来了，接下来我们把所有六色盘叠放到一起吧，看看哪组小朋友叠得最高！"

游戏示范：教师先做示范，然后幼儿开始游戏。教师要多关注不会叠放六色盘和配合得不好的小组。

注意事项：在幼儿叠放六色盘时，同组幼儿可能会争抢六色盘，教师应及时给予调解。

(三) 结束部分

（1）活动小结：教师带领幼儿一起回顾掌握的新技能，即跨跳过障碍，简单总结活动情况。

（2）放松活动：组织幼儿找到一个好朋友面对面、手拉手，教师播放放松操音乐，教师和幼儿一起跳放松操。

（3）整理器械：教师和幼儿一起整理器械。

第二十八节 水 果 沙 拉

一、活动目标

（1）在游戏中能听信号向指定方向跑。

(2) 增强下肢力量。

(3) 乐于参与体育活动,有一定的规则意识。

二、活动重点

能听信号向指定方向跑。

三、活动难点

根据指令做相应动作。

四、活动准备

(1) 经验准备:有听指令进行游戏的经验。

(2) 物质准备。

① 场地:用胶带贴出起点线和终点线,两条线相距 10 米,起点线和终点线各长 8 米;分别在起点线和终点线后 1.2 米处贴出一条等待线。

② 器械:泡沫面条、水果卡片、连接器。

③ 器械摆放:教师先用泡沫面条按颜色随意摆出四个小图形,然后在距该四个图形 10 米处摆出一个大的图形。

五、活动过程

(一) 开始部分

教师通过儿歌的形式调整幼儿站位,边说边调整幼儿站位,引导幼儿保持间隔距离四散站好。

(1) 师:"伸伸手,排排队,位置不够往后退!"

师:"手打开,转一转,位置不够两边散!"

(2) 热身操:播放热身音乐,教师和幼儿一起跳热身操。

(3) 队列准备:女孩站在起点线上,男孩站在等待线上。

(二) 基本部分

1. 创设情境,导入活动

教师导入游戏环节:"今天,我们要做一道'水果沙拉',这里有苹果、草莓、香蕉、橘子四种水果,小朋友们选择自己喜欢的水果并站到水果卡片前面,自己就会'变'成这种水果啦!"

2. 游戏:水果沙拉

第一关:把水果送回超市,然后从超市将水果买回家

游戏规则:师:"小朋友们,水果是从哪里买回来的呢?"教师跑到 10 米远的大

图形里面说:"这里就是超市,小朋友们扮演水果,老师把水果一种一种买回来,我叫到哪种水果,哪种水果就从超市跑回自己的盘子里被我买回家。"教师跟着最后一组幼儿跑回四个盘子面前。共进行五次游戏,如图 1-28-1 所示。

游戏示范:教师先做一次示范,组织幼儿返回超市。

注意事项:在跑步时,幼儿应分散开,避免互相碰撞;教师及时帮助忘记自己是哪种水果的幼儿。

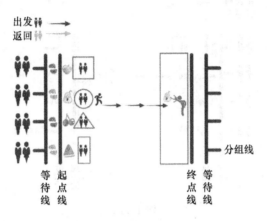

图 1-28-1

第二关:回家洗水果

游戏规则:师:"水果买回来了,我们来洗洗水果吧。"教师播放《玩具总动员》音乐,幼儿随着音乐给自己洗洗澡,扭起来。

游戏示范:教师先做一次示范,然后带着不爱动的幼儿一起游戏。

注意事项:教师让幼儿分散洗水果,避免互相碰撞。

第三关:切 水 果

游戏规则:师:"把水果洗干净后就可以吃了。不过,我们还要把水果切开,这样就可以做沙拉了。"教师播放《玩具总动员》音乐,幼儿用右手手掌切切自己的左胳膊、腿和身体。

游戏示范:教师先做一次示范,然后带着不爱动的幼儿一起游戏。

注意事项:教师防止幼儿大力地"切"其他幼儿。

第四关:放沙拉酱,搅拌水果

游戏规则:师:"我要把洗干净、切好的水果放到一个大盆子里。苹果请过去,草莓请过去,香蕉请过去,橘子请过去。"各种水果听到之后跳到大盆子里。师:"我要挤点沙拉酱。"教师用一根泡沫面条当作沙拉酱,在每个幼儿的头上点一下。师:"搅拌一下吧!"幼儿在盆子里爬过来,滚过去。教师觉得沙拉可以吃了,就大喊:"水果沙拉做好了,小朋友尝一口吧。嗯!是什么味道的?"听听幼儿的回答,如图 1-28-2 所示。

游戏示范:教师邀请一名幼儿共同示范加沙拉酱的方法。

注意事项:在幼儿翻滚时,教师应避免踩踏踢伤。

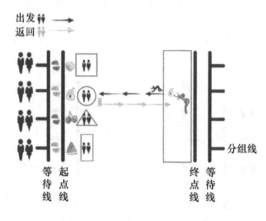

图 1-28-2

(三)结束部分

(1)活动小结:教师带领幼儿一起回顾掌握的新技能,即听信号向指定方向跑,简单总结活动情况。

(2)放松活动:组织幼儿找到一个好朋友面对面、手拉手,教师播放放松操音乐,教师和幼儿一起跳放松操。

(3)整理器械:教师和幼儿一起整理器械。

第二十九节　地鼠小精灵

一、活动目标

(1)掌握快跑急停及手膝钻爬的动作技巧。

(2)提高快速反应能力和身体的灵活性。

(3)乐于参加体育活动,体验游戏带来的快乐。

二、活动重点

掌握快跑急停及手膝钻爬的动作技巧。

三、活动难点

能手脚协调的快速完成指令动作。

四、活动准备

(1) 经验准备：有钻爬的经验。
(2) 物质准备。
① 场地：用胶带贴出 8 米长的起点线，在起点线后 1.2 米处贴出一条等待线。
② 器械：泡沫面条、连接器、标志桶、跨栏。
③ 器械摆放：教师先把所有的小跨栏散落到场地，然后用泡沫面条和标志桶组合成拱形门摆放好（拱形门的数量和幼儿的数量相等）。

五、活动过程

（一）开始部分

教师通过儿歌的形式调整幼儿站位，边说边调整幼儿站位，引导幼儿保持间隔距离四散站好。
(1) 师："伸伸手，排排队，位置不够往后退！"
　　师："手打开，转一转，位置不够两边散！"
(2) 热身操：播放热身音乐，教师和幼儿一起跳热身操。
(3) 队列准备：女孩站在起点线上，男孩站在等待线上。

（二）基本部分

1. 创设情境，导入活动

教师导入游戏环节："今天，小朋友们要变成地鼠，我会用泡沫面条打地鼠，地鼠们要小心啦！"

2. 游戏：地鼠小精灵

第一关：每只地鼠有一个洞，教师打地鼠

游戏规则：师："小朋友们都变成地鼠，这些就是地鼠的洞，一会我会播放一段音乐，当音乐停止，地鼠就钻到洞里。如果谁没有钻进去，哈哈哈，小心你的头哟！"教师播放音乐，幼儿跟随音乐跑动起来，音乐停止，教师开始打地鼠。共进行五次游戏，如图 1-29-1 和图 1-29-2 所示。

游戏示范：教师带领并指导幼儿先游戏一次，然后进入游戏。

注意事项：在跑的时候，幼儿要分散，避免冲撞。

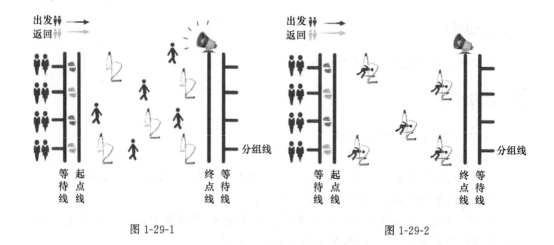

图 1-29-1　　　　　　　　　　　图 1-29-2

第二关：减少地鼠洞，教师打地鼠

游戏规则：师："小地鼠跑得太快了，我要减少一些洞，每个洞里只能进一只地鼠哦！"教师播放音乐，幼儿跟随音乐跑动起来，突然停放音乐，教师开始打地鼠。共进行五次游戏，如图 1-29-3 和图 1-29-4 所示。

游戏示范：教师带领并指导幼儿先游戏一次，然后正式进入游戏。

注意事项：避免幼儿争抢地鼠洞，教师应及时给予调节（时间允许的话，可以继续减少地鼠洞，再游戏一次）。

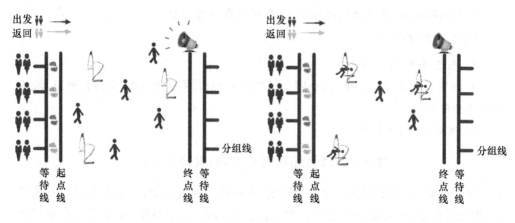

图 1-29-3　　　　　　　　　　　图 1-29-4

（三）结束部分

（1）活动小结：教师带领幼儿一起回顾掌握的新技能，即快跑急停和手膝钻爬，简单总结活动情况。

(2) 放松活动：组织幼儿找到一个好朋友面对面、手拉手，教师播放放松操音乐，教师和幼儿一起跳放松操。

(3) 整理器械：教师和幼儿一起整理器械。

第三十节　魔法精灵

一、活动目标

(1) 掌握开合跳、前后跳、纵跳的方法。

(2) 提高跳跃能力和快速反应能力。

(3) 愿意参与体育活动，体验运动带来的快乐。

二、活动重点

掌握多种跳跃的方法。

三、活动难点

在纵跳时，掌握双脚分开，用力踩地面，身体垂直向上跳起的技巧。

四、活动准备

(1) 经验准备：有跳跃的经验。

(2) 游戏准备：音乐。

五、活动过程

(一) 开始部分

教师通过儿歌的形式调整幼儿站位，边说边调整幼儿站位，引导幼儿保持间隔距离四散站好。

(1) 师："伸伸手，排排队，位置不够往后退！"

　　师："手打开，转一转，位置不够两边散！"

(2) 热身操：播放热身音乐，教师和幼儿一起跳热身操。

(3) 队列准备：群体游戏，引导幼儿进入运动场地。

(二) 基本部分

1. 创设情境，导入活动

教师导入游戏环节："今天，小朋友们要变成小精灵，我们的小精灵是有魔法的！"

2. 游戏：魔法精灵

第一关：幼儿变成小蘑菇

游戏规则：师："我来播放一段音乐，小朋友们随着音乐在原地开合跳、前后跳或纵跳（如图1-30-1所示）。当音乐停止时，小朋友们马上变成一朵长在地上的小蘑菇（如图1-30-2所示）。"幼儿蹲在地面上，双手放在头顶。教师播放音乐，幼儿跳起来，教师也随着音乐舞动起来；教师突然停放音乐，幼儿变成小蘑菇。最少进行三次游戏。

游戏示范：教师随音乐进行开合跳、前后跳或纵跳，重点强调纵跳的方法。

注意事项：游戏时，教师始终带领幼儿进行各种跳跃，并主要观察动作不到位的幼儿，及时给予提醒和纠正。

图 1-30-1　　　　　　　　　　图 1-30-2

第二关：幼儿变成小金鱼

游戏规则：师："变小蘑菇太简单了，接下来我播放两段音乐，第一段音乐停止时，小朋友们还是变成小蘑菇；小朋友们继续开合跳、前后跳、纵跳，第二段音乐停止时，小朋友们要变成一条条掉在岸上的小金鱼。"教师开始播放音乐，幼儿跳动起来，音乐停止，幼儿变成小蘑菇；再次播放音乐，小朋友们接着跳，音乐停止，小朋友们变成掉在岸上的小金鱼（如图1-30-3所示）。共进行五次游戏。

游戏示范：教师随音乐进行开合跳、前后跳或纵跳，重点强调纵跳的方法。

注意事项：游戏时，教师始终带领幼儿进行各种跳跃，并主要观察动作不到位的幼儿，及时给予提醒和纠正。

图 1-30-3

第三关:幼儿变成小乌龟

游戏规则:师:"变成小蘑菇和小金鱼还是比较简单的,接下来我播放三段音乐,在第一段音乐中,大家变成小蘑菇;在第二段音乐中,大家变成小金鱼;在第三段音乐中,大家要变成四脚朝天的小乌龟(如图 1-30-4 所示)。"共进行五次游戏。

游戏示范:教师先做一次示范,然后幼儿开始游戏。

注意事项:游戏时,教师始终带领幼儿进行各种跳跃,并主要观察动作不到位的幼儿,及时给予提醒和纠正。

图 1-30-4

(三)结束部分

(1)活动小结:教师带领幼儿一起回顾掌握的新技能,即纵跳和听音乐做指定动作,简单总结活动情况。

(2)放松活动:组织幼儿找到一个好朋友面对面、手拉手,教师播放放松操音乐,教师和幼儿一起跳放松操。

(3)整理器械:教师和幼儿一起整理器械。

第三十一节 多足怪

一、活动目标

(1) 掌握侧身滚和腿部传球的动作技巧。
(2) 提高腰腹的柔韧性和身体的协调性。
(3) 乐于参与体育活动,感受合作游戏带来的乐趣。

二、活动重点

掌握侧身滚和腿部传球的动作技巧。

三、活动难点

与同伴协作,共同完成游戏。

四、活动准备

(1) 经验准备:有参与合作游戏的经验。
(2) 物质准备:鳄鱼球、溜溜布。

五、活动过程

(一) 开始部分

教师通过儿歌的形式调整幼儿站位,边说边调整幼儿站位,引导幼儿保持间隔距离四散站好。
(1) 师:"伸伸手,排排队,位置不够往后退!"
　　师:"手打开,转一转,位置不够两边散!"
(2) 热身操:播放热身音乐,教师和幼儿一起跳热身操。
(3) 队列准备:引导幼儿排成一队。

(二) 基本部分

1. 创设情境,导入活动

教师导入游戏环节:"今天,小朋友们要一起变成一只大怪兽,这只怪兽有好多的脚,所以它是多足怪!"

2. 游戏:多足怪

第一关:教师带领幼儿进行手膝爬、侧身滚

游戏规则:师:"小朋友们要想变成多足怪就要先来热身。"小朋友们要像小乌龟一样,手膝着地爬、侧身滚出发。每个动作出发三次,如图1-31-1和图1-31-2所示。

游戏示范:教师先做一次示范,然后带领所有幼儿一起出发。

注意事项:如果幼儿不会侧身滚,教师扶着幼儿的脚给予帮助。

图 1-31-1   图 1-31-2

第二关:教师带领幼儿变成多足怪并传球

游戏规则:师:"热身过后,我们要变成躺下的多足怪了。"所有的幼儿平躺在溜溜布上面,四脚朝天。教师从一端放1颗鳄鱼球,让幼儿往下传,传的过程中不要将鳄鱼球掉在地面上。共进行十次游戏,如图1-31-3所示。

游戏示范:教师先指导幼儿传一次,然后让幼儿自己传。

注意事项:在传递鳄鱼球的过程中,若幼儿脚夹不住鳄鱼球,教师应及时给予帮助。

图 1-31-3

第三关:教师带领幼儿变成站起来的多足怪并跳跃前进

游戏规则:师:"躺着的多足怪游戏太简单了,接下来它要站起来走一走。"教师把溜溜布折叠缩小,请所有的幼儿骑在上面,并跳跃前进,如图1-31-4所示。

游戏示范:教师指导幼儿出发。

注意事项:教师注意幼儿之间的间隔;不要让幼儿把溜溜布抬得太高。

图 1-31-4

(三)结束部分

(1)活动小结:教师带领幼儿一起回顾掌握的新技能,即侧身滚和腿部传球,简单总结活动情况。

(2)放松活动:组织幼儿找到一个好朋友面对面、手拉手,教师播放放松操音乐,教师和幼儿一起跳放松操。

(3)整理器械:教师和幼儿一起整理器械。

第三十二节　海上历险记

一、活动目标

(1) 掌握双脚向前跳、左右跳和圆圈跑的技巧。
(2) 锻炼腿部力量,提高其弹跳能力。
(3) 乐于参与挑战性的游戏,体验游戏带来的快乐。

二、活动重点

掌握双脚向前跳、左右跳和圆圈跑的技巧。

三、活动难点

能跟随游戏情境变化快速反应,做出相应动作。

四、活动准备

(1) 经验准备:有玩跳跃游戏的经验。
(2) 物质准备:软飞盘、音响。

五、活动过程

(一) 开始部分

教师通过儿歌的形式调整幼儿站位,边说边调整幼儿站位,引导幼儿保持间隔距离四散站好。

(1) 师:"伸伸手,排排队,位置不够往后退!"
　　师:"手打开,转一转,位置不够两边散!"
(2) 热身操:播放热身音乐,教师和幼儿一起跳热身操。
(3) 队列准备:幼儿分散站,每个幼儿间隔1米。

(二) 基本部分

1. 创设情境,导入活动

教师导入游戏环节:"操场变成了汪洋大海,小朋友们划着船在大海里航行,在没有鲨鱼的时候,小朋友们可以跳到海里游泳;如果鲨鱼来了,小朋友们要迅速跳到船上躲避鲨鱼。"

2. 游戏：海上历险记

第一关：教师带领幼儿玩"青蛙跳荷叶"的游戏，练习跳跃

游戏规则：每个教师和幼儿拿一个软飞盘。教师带领幼儿将软飞盘放在脚前的地面上，然后双手叉腰，跳过飞盘，再跳回来。教师引导幼儿双脚向前跳、左右跳，反复地跳跃，节奏从慢到快，如图1-32-1所示。十次游戏为一组，共做三组。

游戏示范：教师先做一次示范，然后指导个别幼儿。

注意事项：教师应避免幼儿乱飞软飞盘。

图1-32-1

第二关：幼儿划着小船在海上航行，躲避鲨鱼

游戏规则：师："现在的操场变成了汪洋大海！"教师引导幼儿轻轻地坐在软飞盘上，双腿伸平，双手握拳，前后摇动身体，做划船的动作，如图1-32-2。

游戏示范：教师轻轻地站起来，跳到海里绕着自己的小船做游泳状进行圆圈跑，突然大喊："鲨鱼来啦！"教师迅速跳到小船上，躲避鲨鱼的捕捉。教师引导幼儿跳到海里游泳，当幼儿绕着小船游完3～4圈时，教师高喊："鲨鱼来啦！"并且迅速跑到幼儿中扮演鲨鱼。师："小朋友们赶快上船！"幼儿要迅速上船，不然就会被鲨鱼抓到，如图1-32-3和图1-32-4所示。共进行五次游戏。

游戏升级：教师先做一次示范，如果抓到幼儿，就和该幼儿讨论怎么样才不会被鲨鱼抓住。

注意事项：教师应注意幼儿游泳时的间距，避免相撞。

图1-31-2

图1-32-3

图 1-32-4

(三) 结束部分

(1) 活动小结:教师带领幼儿一起回顾掌握的新技能,即双脚向前跳、左右跳和圆圈跑,简单总结活动情况。

(2) 放松活动:组织幼儿找到一个好朋友面对面、手拉手,教师播放放松操音乐,教师和幼儿一起跳放松操。

(3) 整理器械:教师和幼儿一起整理器械。

第二章　中班室外体育游戏活动案例

第一节　分秒必争

一、活动目标

(1) 掌握头顶物行进跑和双腿夹物行进跳的技能。
(2) 提高身体的协调性和灵敏性。
(3) 愿意参加体育游戏活动,感受游戏带来的快乐。

二、活动重点

掌握头顶物行进跑和双腿夹物行进跳的技能。

三、活动难点

在头顶物行进跑和双腿夹物行进跳时,物品不掉落。

四、活动准备

(1) 经验准备:有头顶物行进跑和双腿夹物行进跳的经验。
(2) 物质准备。
① 场地:用胶带贴出起点线和终点线,两条线相距10米,起点线和终点线各长8米;分别在起点线和终点线后1.2米处贴出一条等待线,在等待线上贴出分组线,分组线之间相距1.2米,如图2-1-1所示。
② 器械:六色盘、长标杆、圆底座。

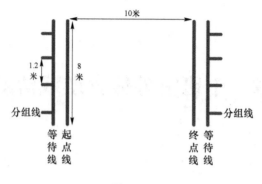

图 2-1-1

五、活动过程

(一) 开始部分

(1) 队列练习:幼儿在教师手势和口令的指引下,听音乐进行队列练习,并站好体操队形。

(2) 热身操:播放热身音乐,教师和幼儿一起跳热身操。

(3) 队列准备:通过分组游戏"荷花荷花"将幼儿分成 4~6 组,请幼儿站在分组线上。

(二) 基本部分

1. 创设情境,导入活动

教师导入游戏环节:"今天,老师要和小朋友们玩一个刺激的游戏,游戏的名字叫'分秒必争'。"

2. 游戏:分秒必争

第一关:幼儿把六色盘运到终点的长标杆上

游戏规则:师:"现在我们要挑战第一关,每个小朋友都要从自己组前拿一个六色盘直线跑到终点,将六色盘套在长标杆上,然后跑回起点,与下一个小朋友击掌后站到队尾,下一个小朋友出发。"如图 2-1-2 所示。

游戏示范:教师示范一次,引导幼儿依次出发,帮助幼儿树立规则意识。

注意事项:幼儿回到起点与下一个幼儿击掌,下一个幼儿才可以出发。主课教师强调出发次序,指导幼儿记住自己的队友,认识自己组的终点;配课教师及时扶起被碰倒的长标杆。

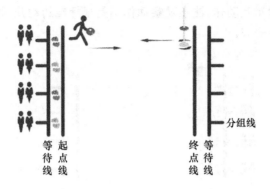

图 2-1-2

第二关：幼儿头顶六色盘回到起点

游戏规则：师："你们太厉害了，现在我们挑战第二关，每个小朋友都从起点出发，跑到终点，拿一个六色盘放在自己的头上顶着回来，将六色盘放在自己组起点旁边后与下一个小朋友击掌，然后站到队尾，下一个小朋友出发。"如图 2-1-3 所示。幼儿完成任务后，教师给予表扬。

游戏示范：教师先做一次示范，引导幼儿依次出发，提醒幼儿手不能扶六色盘。

注意事项：同第一关。

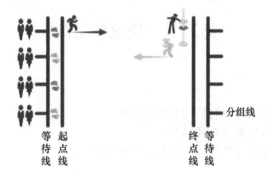

图 2-1-3

第三关：幼儿夹着六色盘跳到终点，将其套在长标杆上

游戏规则：师："小朋友们很顺利地通过了前两关，你们可真棒！刚才，我们的双手被施了魔法，不能再拿东西了。你们觉得除了用头部，我们还可以用身体的哪个部位把六色盘送到终点呢？"如果有幼儿说用腿夹着跳过去，教师应大声表扬这个幼儿，并和他击掌；如果没有，教师要引导幼儿，用双腿夹着跳到终点，把六色盘放到长标杆上，自己返回起点与下一个幼儿击掌后站到队尾，下一个幼儿出发。六色盘被全部送完后，教师大声表扬幼儿，如图 2-1-4 所示。

游戏示范：教师示范动作，注意观察动作不是很标准的幼儿，并给予指导和鼓励。
注意事项：同第一关。

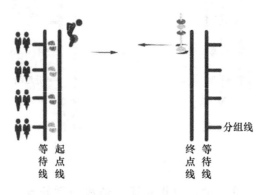

图 2-1-4

（三）结束部分

（1）活动小结：教师带领幼儿一起回顾掌握的新技能，即头顶物行进跑和双腿夹物行进跳，简单总结活动情况。

（2）放松活动：组织幼儿找到一个好朋友面对面、手拉手，教师播放放松操音乐，教师和幼儿一起跳放松操。

（3）整理器械：教师和幼儿一起整理器械。

第二节　袋鼠特工队

一、活动目标

（1）练习双脚连续跳，锻炼下肢肌肉力量。
（2）提高身体的平衡性和协调性。
（3）敢于挑战有难度的游戏，感受成功带来的快乐。

二、活动重点

能双脚同时向前行进跳一段距离。

三、活动难点

在双脚向前行进跳时，能灵活地控制身体的方向。

四、活动准备

（1）经验准备：有双脚连续跳的经验。

(2) 物质准备。

① 场地:用胶带贴出起点线和终点线,两条线相距 10 米,起点线和终点线各长 8 米;分别在起点线和终点线后 1.2 米处贴出一条等待线,在等待线上贴出分组线,分组线之间相距 1.2 米。

② 器械:吱吱鞋、梅花盘。

五、活动过程

(一) 开始部分

(1) 队列练习:幼儿在教师手势和口令的指引下,听音乐进行队列练习,并站好体操队形。

(2) 热身操:播放热身音乐,教师和幼儿一起跳热身操。

(3) 队列准备:通过分组游戏"荷花荷花"将幼儿分成 6~8 组,并把幼儿带到分组线上。

(二) 基本部分

1. 创设情境,导入活动

教师导入游戏环节:"今天,小朋友们变成'袋鼠特工队',跟着我一起去闯关!"

2. 游戏:袋鼠特工队

第一关:"小袋鼠"跳 3 米远

游戏规则:教师(在距起点线 3 米处摆放一个梅花盘)请每一只"小袋鼠"踩在吱吱鞋上,跳至梅花盘处再返回起点,将吱吱鞋传给下一个幼儿,自己站到队尾。幼儿听到教师口令后再出发,每个幼儿往返三次,如图 2-2-1 所示。

游戏示范:教师先做一次示范,引导幼儿依次出发,帮助幼儿树立规则意识。

注意事项:教师强调出发次序;指导幼儿记住自己的队友,认识自己组的跑道;幼儿双脚并拢夹好,踩在吱吱鞋上,双手拉直皮筋,跳的时候不能弯腰。

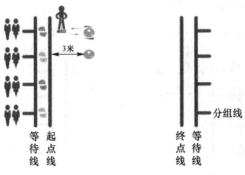

图 2-2-1

第二关:"小袋鼠"跳 6 米远

游戏规则:教师在距起点线 6 米处再摆放一个梅花盘。这次的"小袋鼠"要先经过第一个梅花盘,然后跳至第二个梅花盘,最后拿着吱吱鞋跑回起点,将吱吱鞋传给下一个幼儿,自己站到队尾。幼儿听到教师口令后再出发,每个幼儿往返两次,如图 2-2-2 所示。

游戏示范:教师先做一次示范,指导、纠正个别幼儿动作。

注意事项:同第一关。

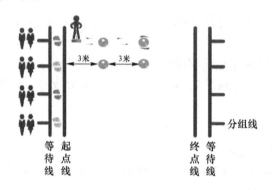

图 2-2-2

第三关:"小袋鼠"跳 10 米远

游戏规则:教师在终点再摆放一个梅花盘。这次的"小袋鼠"要先经过第一个和第二个梅花盘,然后跳至第三个梅花盘,最后拿着吱吱鞋跑回起点,将吱吱鞋传给下一个幼儿,自己站到队尾。幼儿听到教师口令后再出发,每个幼儿往返两次,如图 2-2-3 所示。

游戏示范:教师示范动作,注意观察动作掌握得不是很好的幼儿,应该给予指导和鼓励;表扬表现好的幼儿。

注意事项:同第二关。

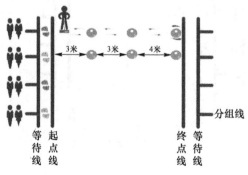

图 2-2-3

(三) 结束部分

(1) 活动小结:教师带领幼儿一起回顾掌握的新技能,即双脚连续跳,简单总结活动情况。

(2) 放松活动:组织幼儿找到一个好朋友面对面、手拉手,教师播放放松操音乐,教师和幼儿一起跳放松操。

(3) 整理器械:教师和幼儿一起整理器械。

第三节 攻 占 碉 堡

一、活动目标

(1) 掌握匍匐投掷的动作技巧。
(2) 提高身体的灵活性,增强上肢和腰腹的力量。
(3) 感受体育活动带来的快乐。

二、活动重点

巩固绕障碍物跑和双脚连续跳的动作技巧,掌握匍匐投掷的正确方法。

三、活动难点

在匍匐投掷时,能掷远、掷准。

四、活动准备

(1) 经验准备:有投掷的经验。
(2) 物质准备。
① 场地:用胶带贴出起点线和终点线,两条线相距10米,起点线和终点线各长8米;分别在起点线和终点线后1.2米处贴出一条等待线,在等待线上贴出分组线,分组线之间相距1.2米。
② 器械:泡沫砖、体操垫、六色盘、标志桶。

五、活动过程

(一) 开始部分

(1) 队列练习:幼儿在教师手势和口令的指引下,听音乐进行队列练习,并站好体操队形。

(2) 热身操:播放热身音乐,教师和幼儿一起跳热身操。

(3) 队列准备:通过分组游戏"马兰花"将幼儿分成6~8组,把幼儿带到分组线上站好。

(二) 基本部分

1. 创设情境,导入活动

教师导入游戏环节:"今天,小朋友们变成攻占碉堡的队员了,我们要去'爆破'敌人的碉堡。"

2. 游戏:攻占碉堡

第一关:侦查敌军碉堡

游戏规则:师:"想要'爆破'敌军的碉堡,我们首先要先侦查一下敌军的碉堡在哪。"第一个幼儿从起点出发,像小蛇一样绕过每一个六色盘,再绕着返回起点,和下一个幼儿击掌后,下一个幼儿出发。每个幼儿往返五次,如图2-3-1所示。

游戏示范:教师示范后,请幼儿依次出发。

注意事项:幼儿听教师口令,一组接着一组出发,避免相撞。

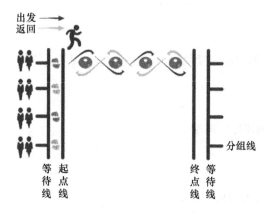

图 2-3-1

第二关:查看敌军武器

游戏规则:师:"哎呀,刚才我们只看了碉堡在哪里,忘记看里面有什么武器了,所以这次我们要跳着去看一看。"幼儿从起点出发,双脚跳过每一个六色盘,摸一下最后一个六色盘,然后跳着返回起点,和下一个幼儿击掌后,下一个幼儿出发。每个幼儿往返三次,如图2-3-2所示。

游戏示范:教师先做一次示范,指导幼儿依次出发。

注意事项:听教师口令,一组接着一组出发,避免幼儿相撞。

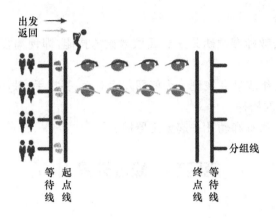

图 2-3-2

第三关:"炸毁"敌军碉堡

游戏规则:教师收回所有的六色盘,并在场地中间每组前面摆放一个体操垫,给每个幼儿发一块泡沫砖当作"炸药包"。师:"小朋友们,现在我们可以去'炸毁'敌军的碉堡了,拿着你们的'炸药包'从起点出发,跑到体操垫处并趴在上面,注意一定不要被敌军发现,右手用力将'炸药包'扔出去,将敌军的碉堡'炸毁'。扔完之后站起来,拿回自己的'炸药包'跑回起点,和下一个小朋友击掌。击掌过后自己去队尾'填充火药',下一个小朋友出发。"每个幼儿往返五次,如图 2-3-3 所示。

游戏示范:教师先做一次示范,引导幼儿依次出发。

注意事项:听教师口令,一组接着一组出发,避免幼儿相撞;教师应及时将被幼儿打倒的标志桶扶起来。

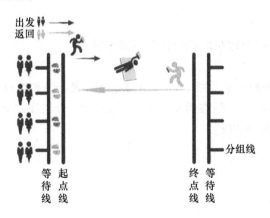

图 2-3-3

（三）结束部分

（1）活动小结：教师带领幼儿一起回顾掌握的技能，即匍匐投掷，简单总结活动情况。

（2）放松活动：组织幼儿找到一个好朋友面对面、手拉手，教师播放放松操音乐，教师和幼儿一起跳放松操。

（3）整理器械：教师和幼儿一起整理器械。

第四节　躲避外星人

一、活动目标

（1）掌握直线跑和助跑跨跳的技能。

（2）增强腿部力量和弹跳力。

（3）愿意与同伴协作游戏，体验成功带来的快乐。

二、活动重点

掌握直线跑和助跑跨跳的技能。

三、活动难点

在合作跨过障碍物时，能控制好跨跳的距离。

四、活动准备

（1）经验准备：有助跑跨跳和协作游戏的经验。

（2）物质准备。

① 场地：用胶带贴出起点线、等待线和终点线，起点线和终点线相距10米，起点线、终点线、等待线各长8米；在等待线上贴出分组线，分组线之间相距1.2米。

② 器械：软飞盘、小跨栏。

五、活动过程

（一）开始部分

（1）队列练习：幼儿在教师手势和口令的指引下，听音乐进行队列练习，并站好体操队形。

（2）热身操：播放热身音乐，教师和幼儿一起跳热身操。

(3) 队列准备:通过分组游戏"吸铁石"将幼儿分成 6~8 组,请幼儿站在分组线上。

(二) 基本部分

1. 创设情境,导入活动

教师导入游戏环节:"今天,幼儿园里来了一个外星人,他控制了我们的操场。小朋友们要趁着外星人不注意时逃跑,但逃跑的路上有很多障碍,你们要一个一个地通过!"

2. 游戏:躲避外星人

第一关:幼儿直线跑到终点

游戏规则:每一组请第一个幼儿跑到终点,然后大声喊自己队友的名字:"×××,请过来。"直到所有的队友都过来,这一组就全部成功"逃脱",然后用同样的方式返回,如图 2-4-1 所示。

游戏示范:教师请幼儿直线跑过去大声喊:"×××,请过来。"

注意事项:教师提醒幼儿跑步时要摆臂看前方。

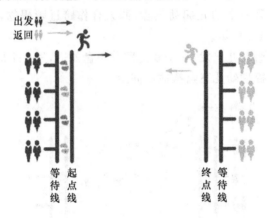

图 2-4-1

第二关:幼儿跨过每一个小跨栏到终点

游戏规则:教师在每条跑道上摆放三个小跨栏,小跨栏之间间隔 3 米。师:"外星人发现了我们,把小朋友们都抓了回来,还在大家逃跑的路上放了好多障碍物。"第一个幼儿先跑到终点,然后大声喊自己队友的名字:"×××,请过来。"直到所有队友都过来,然后用同样的方式返回,如图 2-4-2 所示。

游戏示范:教师示范助跑跨跳。

注意事项:教师应注意幼儿跨跳,禁止双脚跳过,以防幼儿被小跨栏绊倒。

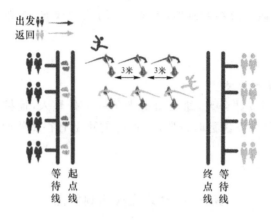

图 2-4-2

第三关:幼儿利用软飞盘跨过小跨栏

游戏规则:师:"大事不好,外星人又发现了我们,不仅把我们抓了回来,还把道路破坏了,该怎么办啊?"教师给每个幼儿发1个软飞盘,请两个幼儿一起出发,一个幼儿踩着飞盘前进,另一个幼儿挪动飞盘,两人合作跨过障碍物,移动到终点,返回时角色互换,如图2-4-3所示。

游戏示范:请一组幼儿出发,一个幼儿踩着飞盘前进,另一个幼儿挪动飞盘。

注意事项:老师提醒幼儿飞盘摆放的间距。

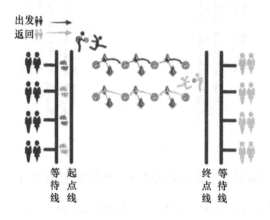

图 2-4-3

(三)结束部分

(1)活动小结:教师带领幼儿一起回顾掌握的新技能,即直线跑和助跑跨跳,简单总结活动情况。

(2)放松活动:组织幼儿找到一个好朋友面对面、手拉手,教师播放放松操音乐,教师和幼儿一起跳放松操。
(3) 整理器械：教师和幼儿一起整理器械。

第五节　拯救队友

一、活动目标

(1) 掌握双脚向前行进跳的技能。
(2) 锻炼身体协调性，增强下肢力量。
(3) 喜欢与同伴协作游戏，体验合作带来的快乐。

二、活动重点

掌握双脚向前行进跳的技能。

三、活动难点

在合作游戏时，能根据飞盘摆放的间距进行跳跃，并能保持身体的平衡。

四、活动准备

(1) 经验准备：有双脚向前行进跳的经验。
(2) 物质准备。
① 场地：用胶带贴出起点线、等待线和终点线，起点线和终点线相距 10 米，起点线、等待线和终点线各长 8 米；在等待线上贴出分组线，分组线之间相距 1.2 米。
② 器械：泡沫面条、软飞盘、六色盘。

五、活动过程

(一) 开始部分

(1) 队列练习：幼儿在教师手势和口令的指引下，听音乐进行队列练习，并站好体操队形。
(2) 热身操：播放热身音乐，教师和幼儿一起跳热身操。
(3) 队列准备：通过分组游戏"马兰花"将幼儿分成 6~8 组，将分好组的幼儿带入活动场地。

(二) 基本部分

1. 创设情境，导入活动

教师导入游戏环节：每组留一个幼儿在起点，教师将剩下的幼儿带到终点，假装是被大蚂蚁抓走了。师:"刚才去终点的小朋友们被大蚂蚁抓走了,现在请留在基地的小朋友去拯救他们。每个留在基地的小朋友都将会有一匹马,请骑着马去拯救你们的队友!"

2. 游戏:拯救队友

第一关:幼儿骑马拯救队友

游戏规则:幼儿骑在泡沫面条上跳到终点,大声喊:"请你跟我走。"接一个幼儿上马,两个人同时跳回起点。前面的幼儿在起点等待,后面的幼儿出发到终点继续拯救队友。幼儿依次出发,直到所有的队友全部返回,共往返两次,如图2-5-1所示。

游戏示范:教师双腿夹着泡沫面条跳到终点,大声喊:"请你跟我走。"幼儿骑上泡沫面条,和教师一起跳回起点。

注意事项:两个幼儿骑着泡沫面条时,中间间隔约50厘米。

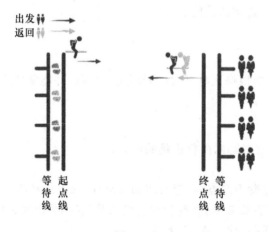

图 2-5-1

第二关:幼儿开汽车拯救队友

游戏规则:教师给每组幼儿发两个软飞盘,出发的幼儿双腿夹着一个软飞盘、双手握着一个软飞盘向前连续跳,跳到终点,将两个软飞盘放在地上,请一个幼儿跳到一个软飞盘上,自己向前挪动另一个软飞盘,跳跃的幼儿跟着向前跳,直到回到起点。挪动软飞盘的幼儿休息,跳跃的幼儿继续拯救队友,直到队友全部脱险,共往返两次,如图2-5-2所示。

游戏示范:教师双腿夹着软飞盘,双手握着软飞盘(手把方向盘状),跳到终点。

注意事项:教师提醒幼儿注意两个软飞盘之间的距离,每次间距约为60～80厘米。

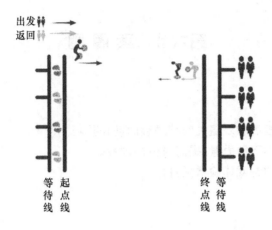

图 2-5-2

第三关:地面有"彩虹地雷",幼儿要躲开

游戏规则:教师把六色盘散放在场地里面当作"彩虹地雷",幼儿在拯救队友时要躲开这些"彩虹地雷"。所有的幼儿都要被拯救回来,如图 2-5-3 所示。

游戏示范:教师示范遇见"彩虹地雷"可以跳过或绕开。

注意事项:教师提醒幼儿如果踩到了"彩虹地雷",要返回起点重新开始游戏。

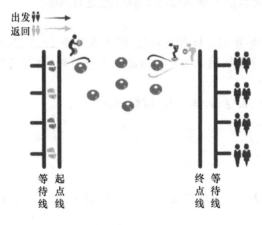

图 2-5-3

(三)结束部分

(1)活动小结:教师带领幼儿一起回顾掌握的新技能,即双脚向前行进跳,简单总结活动情况。

(2)放松活动:组织幼儿找到一个好朋友面对面、手拉手,教师播放放松操音乐教师和幼儿一起跳放松操。

(3)整理器械:教师和幼儿一起整理器械。

第六节 套 圈 圈

一、活动目标

(1) 掌握胸前投掷和双腿夹物行进跳的动作技巧。
(2) 增强上肢和下肢力量,提高身体协调性。
(3) 通过成功的游戏体验增强自信心。

二、活动重点

掌握胸前投掷和双腿夹物行进跳的动作技巧。

三、活动难点

在投掷时能准确地套住目标物。

四、活动准备

(1) 经验准备:有胸前投掷和双腿夹物行进跳的经验。
(2) 物质准备。
① 场地:用胶带贴出起点线和终点线,两条线相距10米,起点线和终点线各长8米;分别在起点线和终点线后1.2米处贴出一条等待线,在等待线上贴出分组线,分组线之间相距1.2米。
② 器械:六色盘、太空梯、体操圈、雪糕杯、沙包。

五、活动过程

(一) 开始部分

(1) 队列练习:幼儿在教师手势和口令的指引下,听音乐进行队列练习,并站好体操队形。
(2) 热身操:播放热身音乐,教师和幼儿一起跳热身操。
(3) 队列准备:通过分组游戏"马兰花"把幼儿分为6～8组,并将幼儿带入活动场地。

(二) 基本部分

1. 创设情境,导入活动

教师导入游戏环节:"今天,游乐场开业了,在里边可以玩好多游戏,我们先一起去套圈圈吧!"

2. 游戏:套圈圈

第一关:幼儿往六色盘上放礼物

游戏规则:教师在每组幼儿前面放一个体操圈,往体操圈里放入 10 个雪糕杯和 10 个沙包。幼儿拿起自己小组前面的雪糕杯或沙包跑到终点,将其放到六色盘上,然后跑回来,和下一个幼儿击掌后,下一个幼儿出发,直到放完自己组前的雪糕杯和沙包为止,如图 2-6-1 所示。

游戏示范:教师先做一次示范,然后幼儿开始游戏。

注意事项:教师提醒幼儿从右侧跑回起点,避免发生碰撞。

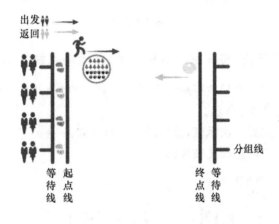

图 2-6-1

第二关:幼儿滚动体操圈去套礼物

游戏规则:教师在距终点线 2 米处横着摆放一个太空梯当作投掷线,给每组幼儿发一个体操圈。第一个幼儿滚动体操圈到太空梯前停下,拿起体操圈投掷出去,套在六色盘上。套到礼物的幼儿跑过去捡起礼物将其夹在膝盖间,再将体操圈套在脖子上跳回来;没套到礼物的幼儿将体操圈套在脖子上跳回来。幼儿回到起点并把体操圈传给下一个幼儿,将礼物放在自己小组前面的"仓库"。比一比最后哪组套的礼物多,如图 2-6-2 所示。

游戏示范:教师先做一次示范,然后幼儿开始游戏。

注意事项:幼儿在过太空梯时排好队,一个接着一个,不能抢;太空梯容易被幼儿碰变形,教师应及时拉直太空梯,避免幼儿被绊倒。

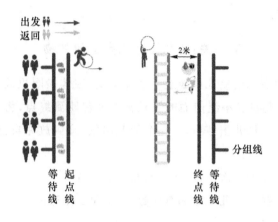

图 2-6-2

第三关:将太空梯前移 1 米,即距终点线 3 米

游戏规则:教师将太空梯放至距终点线 3 米处,并将幼儿拿回的礼物放回终点,其余同第二关,如图 2-6-3 所示。

游戏示范:教师先做一次示范,然后幼儿开始游戏。

注意事项:教师应防止幼儿被绊倒。

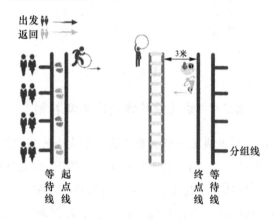

图 2-6-3

(三)结束部分

(1)活动小结:教师带领幼儿一起回顾掌握的新技能,即胸前投掷和双腿夹物行进跳,简单总结活动情况。

(2)放松活动:组织幼儿找到一个好朋友面对面、手拉手,教师播放放松操音乐,教师和幼儿一起跳放松操。

(3)整理器械:教师和幼儿一起整理器械。

第七节 骑马打仗

一、活动目标

(1) 掌握双脚向前行进跳的技能。
(2) 增强下肢肌肉力量,提高身体平衡性及协调性。
(3) 愿意和同伴一起参与有挑战性的活动。

二、活动重点

掌握双脚向前行进跳的技能。

三、活动难点

两个幼儿能相互配合完成双脚向前行进跳。

四、活动准备

(1) 经验准备:有双脚向前行进跳的经验。
(2) 物质准备。
① 场地:用胶带贴出起点线和终点线,两条线相距 10 米,起点线和终点线各长 8 米,分别在起点线和终点线后 1.2 米处贴出一条等待线,在等待线上贴出分组线,分组线之间相距 1.2 米。
② 器械:泡沫面条、标志桶。

五、活动过程

(一) 开始部分
(1) 队列练习:幼儿在教师手势和口令的指引下,听音乐进行队列练习,并站好体操队形。
(2) 热身操:播放热身音乐,教师和幼儿一起跳热身操。
(3) 队列准备:通过分组游戏"荷花荷花"将幼儿分成 6~8 组,并将幼儿带到分组线上。

(二) 基本部分
1. 创设情境,导入活动
教师导入游戏环节:"今天,小朋友们都变成了小骑士,我们要骑着马去遨游世界!"
2. 游戏:骑马打仗

第一关:一个小骑士骑一匹马

游戏规则:教师给每个小组发一根泡沫面条,每次一个幼儿骑在上面,双脚跳至终点后,幼儿拿着泡沫面条跑回来,将其传给下一个幼儿,自己站到队尾,下一组幼儿听到教师的口令后出发,每个幼儿往返三次,如图2-7-1所示。

游戏示范:教师先做一次示范,然后引导幼儿依次出发,帮助幼儿树立规则意识。

注意事项:教师强调出发次序,并让幼儿记住自己的队友和自己组的终点;幼儿双腿夹着泡沫面条的三分之一处,双手握住前端。

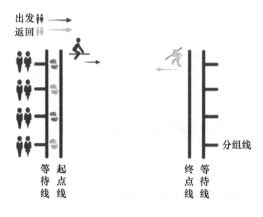

图 2-7-1

第二关:一个小骑士骑两匹马

游戏规则:教师给每组增加一根泡沫面条,幼儿同时骑着两根泡沫面条,双脚跳至终点,然后拿着两根泡沫面条跑回来,将其传给下一个幼儿,自己站到队尾,下一组幼儿听到教师的口令后出发,每个幼儿往返两次,如图2-7-2所示。

游戏示范:教师先做一次示范,然后引导幼儿依次出发。

注意事项:幼儿将两根泡沫面条并齐夹在两腿之间,其余注意事项同第一关。

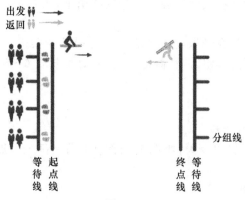

图 2-7-2

第三关:两个小骑士骑一匹马

游戏规则:教师从每组收回一根泡沫面条。师:"勇敢的'小骑士'有了好朋友,现在他们俩要一起遨游世界!"两个幼儿同时骑在1根泡沫面条上,两人间距50厘米,一起双脚跳至终点,前面的"小骑士"拿着泡沫面条和后面的"小骑士"一起跑回起点,将泡沫面条交给下一组幼儿,每个幼儿往返两次,如图2-7-3所示。

游戏示范:教师示范动作,然后引导幼儿依次出发。

注意事项:两个幼儿要同时起跳,且要有节奏地跳;前面的幼儿速度不能过快,后面的幼儿也要双手握住泡沫面条,避免被前面的幼儿拽倒;往起点跑时,两个幼儿要一前一后地跑,以避免相撞;教师应帮助幼儿树立协作意识。

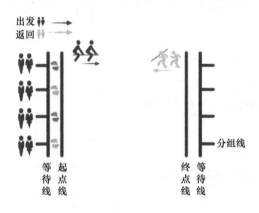

图 2-7-3

第四关:两个小骑士骑两匹马

游戏规则:两个幼儿骑两根泡沫面条,一起跳至终点,然后每人拿一根泡沫面条跑回起点,将其交给下一组幼儿。每个幼儿往返两次,如图2-7-4所示。

游戏示范:教师先做一次示范,然后引导幼儿依次出发。

注意事项:同第三关。

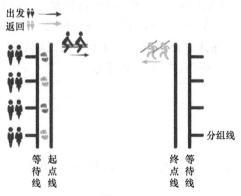

图 2-7-4

(三) 结束部分

（1）活动小结：教师带领幼儿一起回顾掌握的新技能，即双脚向前行进跳，简单总结活动情况。

（2）放松活动：组织幼儿找到一个好朋友面对面、手拉手，教师播放放松操音乐，教师和幼儿一起跳放松操。

（3）整理器械：教师和幼儿一起整理器械。

第八节　战狼突击队

一、活动目标

（1）掌握踩吱吱鞋向前行进跳的技能。

（2）提高身体协调性和控制能力。

（3）培养不怕困难、勇于挑战的精神。

二、活动重点

掌握踩吱吱鞋向前行进跳的技能。

三、活动难点

在踩吱吱鞋向前行进跳时，能控制好身体的节奏。

四、活动准备

（1）经验准备：有玩过吱吱鞋的经验。

（2）物质准备。

① 场地：用胶带贴出起点线和终点线，两条线相距10米，起点线和终点线各长8米；分别在起点线和终点线后1.2米处贴出一条等待线；在等待线上贴出分组线，分组线之间相距1.2米；用泡沫面条组成一个圆圈放在跑道中间。

② 器械：吱吱鞋、泡沫面条、六色盘、标志桶。

五、活动过程

(一) 开始部分

（1）队列练习：幼儿在教师手势和口令的指引下，听音乐进行队列练习，并站好体操队形。

(2) 热身操：播放热身音乐，教师和幼儿一起跳热身操。
(3) 队列准备：通过分组游戏"马兰花"将幼儿分成 6～8 组，把幼儿分别带到分组线上。

(二) 基本部分

1. 创设情境，导入活动

教师导入游戏环节："今天，小朋友们变成了中国战狼突击队，要进行一项绝密的训练。"

2. 游戏：战狼突击队

第一关：呼叫队友

游戏规则：将由泡沫面条组成的圆圈放在跑道中间，请第一个幼儿跑到圆圈里转身大声喊："×××，请你过来吧！"然后跑到终点，被喊到名字的幼儿跑到中间的圆圈里面，再喊身后幼儿的名字，直到所有的幼儿都转移到终点。每组往返两次，如图 2-8-1 所示。

游戏示范：教师先做一次示范，示范时注意脚抬高跨跳进圆圈里。

注意事项：教师站在中间圆圈的位置，及时引导没有跑向终点的幼儿，避免相撞。

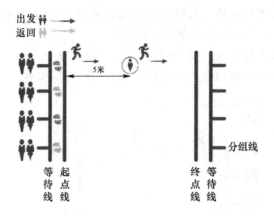

图 2-8-1

第二关：驾驶飞行器

游戏规则：教师在每个圆圈里面放一个吱吱鞋。师："小朋友们出色地完成了第一关的任务，第二关的任务是要驾驶'飞行器'——吱吱鞋。"幼儿跑到圆圈里，踩好吱吱鞋跳到终点，绕过标志桶后返回圆圈里，放下吱吱鞋跑回起点，并站到队尾，下一个幼儿出发。每个幼儿完成三次，如图 2-8-2 所示。

游戏示范:教师先做一次示范,然后引导幼儿依次出发。

注意事项:幼儿听老师口令,一组接着一组出发,避免幼儿相撞。

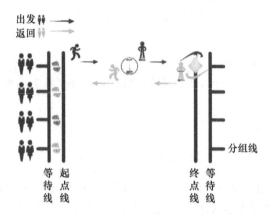

图 2-8-2

第三关:运 送 货 物

游戏规则:教师在每组起点放六色盘。师:"我们学会了开飞行器,下面要运送货物了。"幼儿出发时拿一个六色盘跑到中间的圆圈里,踩着吱吱鞋跳到终点,把六色盘放到标志桶上,然后踩着吱吱鞋将其放回圆圈里,自己返回到起点,下一个幼儿出发。每组送完十二个六色盘,如图 2-8-3 所示。

游戏示范:教师先做一次示范,然后引导幼儿依次出发。

注意事项:幼儿听教师口令,一组接着一组出发,避免相撞。

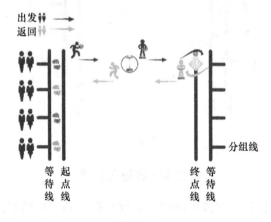

图 2-8-3

(三) 结束部分

(1) 活动小结:教师带领幼儿一起回顾掌握的新技能,即踩吱吱鞋向前行进跳的技能,简单总结活动情况。

(2) 放松活动:组织幼儿找到一个好朋友面对面、手拉手,教师播放放松操音乐,教师和幼儿一起跳放松操。

(3) 整理器械:教师和幼儿一起整理器械。

第九节 自由贸易

一、活动目标

(1) 掌握持物跑和双腿夹物向前行进跳的技能。

(2) 增强下肢力量,提高身体协调性。

(3) 乐于参与体育活动,体验游戏的快乐。

二、活动重点

掌握持物跑和双腿夹物向前行进跳的技能。

三、活动难点

双腿夹物向前行进跳时,不要让物品掉落。

四、活动准备

(1) 经验准备:有双脚连续跳的经验。

(2) 物质准备。

① 场地:用胶带贴出起点线和终点线,两条线相距10米,在中间贴一条中线,起点线和终点线各长8米;分别在起点线和终点线后1.2米处贴出一条等待线;在等待线上贴出分组线,分组线之间相距1.2米。

② 器械:六色盘、跳跳球。

五、活动过程

(一) 开始部分

(1) 队列练习:幼儿在教师口令和手势的指引下,听音乐进行队列练习,并站好体操队形。

(2) 热身操:播放热身音乐,教师和幼儿一起跳热身操。

(3) 队列准备:通过分组游戏"马兰花"把幼儿分成人数相等的双数组,每组三个幼儿。教师将幼儿带入场地，每个跑道里站一组幼儿，每两组相对站立。

(二) 基本部分

1. 创设情境，导入活动

教师导入游戏环节："今天，老师和你们玩一个'购物'的游戏，准备好你们的'购物筐'，出发喽！"

2. 游戏：自由贸易

第一关：幼儿跑到中线，摸一下六色盘后返回

游戏规则：教师在中线两侧摆放两列六色盘，每组前面一个，对应两组的颜色要混搭，两列六色盘相距1米。幼儿跑到中线处，摸一下六色盘后，跑回来站到队尾，下一个幼儿出发。每个幼儿出发四次，如图2-9-1。

游戏示范：教师先做一次示范，然后幼儿开始游戏。

注意事项：教师提醒幼儿跑步时目视前方，避免互相碰撞。

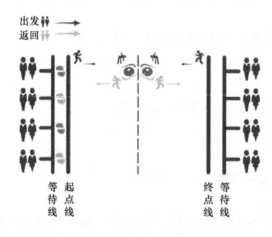

图 2-9-1

第二关：幼儿抱着跳跳球出发

游戏规则：师："'贸易区'的线路没问题，把我们的'货物'摆出来吧。"教师给每组幼儿发一个跳跳球，跳跳球的颜色应和每组六色盘的颜色相同。幼儿用右胳膊夹着"货物"跑到六色盘处，放在上面，然后返回起点，自己站到队尾。下一个幼儿出发，用同样的动作夹着跳跳球回来。每个幼儿出发四次，如图2-9-2所示。

游戏示范：教师先做一次示范，然后带着不爱动的幼儿一起游戏。

注意事项：教师应避免幼儿踩到滑落的跳跳球而被绊倒。

第二章 中班室外体育游戏活动案例

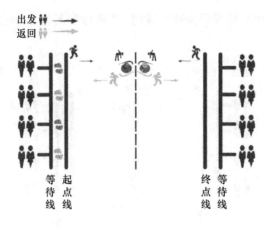

图 2-9-2

第三关：幼儿双腿夹着跳跳球出发

游戏规则：幼儿用膝盖夹着跳跳球，跳至六色盘处，将跳跳球放在上面后返回起点，和下一个幼儿击掌后站到队尾，下一个幼儿出发。每个幼儿出发三次，如图 2-9-3 所示。

游戏示范：教师先做一次示范，然后开始游戏。

注意事项：幼儿用膝盖夹跳跳球时，跳跳球容易滑落，教师应及时指导并帮助。

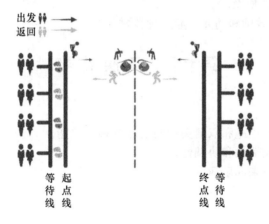

图 2-9-3

第四关：交 换 货 物

游戏规则：师："'货物'摆出来都看过了，现在可以交易了。"请幼儿用右臂夹着跳跳球，跑到"自由贸易区"，拿出"货物"跟对面的幼儿大声说："跟你换！"两个人交换跳跳球后返回起点。每个幼儿出发三次。增加难度：幼儿用腿夹着跳跳球跳过去交换。每个幼儿出发三次，如图 2-9-4 所示。

游戏示范：教师先做一次示范，鼓励对面两队幼儿快速到达货物交换点。

注意事项：幼儿用右臂或腿夹跳跳球时，跳跳球容易滑落，教师应及时鼓励和指导幼儿。

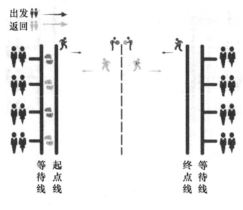

图 2-9-4

（三）结束部分

（1）活动小结：教师带领幼儿一起回顾掌握的新技能，即持物跑和双腿夹物向前行进跳，简单总结活动情况。

（2）放松活动：组织幼儿找到一个好朋友面对面、手拉手，教师播放放松操音乐，教师和幼儿一起跳放松操。

（3）整理器械：教师和幼儿一起整理器械。

第十节 交 换 礼 物

一、活动目标

（1）掌握直线往返跑和双腿夹物向前行进跳的技能。
（2）提高身体灵活性和协调性。
（3）感受运动带来的乐趣。

二、活动重点

掌握直线往返跑和双腿夹物向前行进跳的技能。

三、活动难点

往返跑接近终点时不减速。

四、活动准备

（1）经验准备：有往返跑和双脚连续跳的经验。

(2) 物质准备。

① 场地:用胶带贴出起点线和终点线,两条线相距 10 米,起点线和终点线各长 8 米;分别在起点线和终点线后 1.2 米处贴出一条等待线,在等待线上贴出分组线,分组线之间相距 1.2 米。

② 器械:长标杆、底座、鳄鱼球、软飞盘。

五、活动过程

(一) 开始部分

(1) 队列练习:幼儿在教师手势和口令的指引下,听音乐进行队列练习,并站好体操队形。

(2) 热身操:播放热身音乐,教师和幼儿一起跳热身操。

(3) 队列准备:通过分组游戏"荷花荷花"将幼儿分成 8~12 组,把幼儿分别带到起点、终点分组线上相对站立。

(二) 基本部分

1. 创设情境,导入活动

教师导入游戏环节:"今天,小朋友们要和对面的小朋友交换礼物,准备好了吗?"

2. 游戏:交换礼物

第一关:查看路线

游戏规则:师:"我们要去查看一下交换礼物的路线。小朋友从你的基地出发,跑到标志杆处,从其右侧绕过跑回去,自己站到队尾,下一个小朋友出发。"每个幼儿出发五次,要求幼儿在最后三次游戏时速度越来越快,如图 2-10-1 所示。

游戏示范:教师先做一次示范,跑步时眼睛看向前方。

注意事项:幼儿一组接着一组出发,避免相撞。

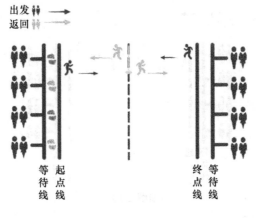

图 2-10-1

第二关：寻找交换地点

游戏规则：师："查看好路线后,我们要去找交换礼物的地点了。"每组幼儿拿一种礼物,一边的幼儿拿飞盘,一边的幼儿拿鳄鱼球,分别用腿夹着跳到标志杆处交换,然后从标志杆右侧绕过跳回起点。每个幼儿出发五次,如图 2-10-2 所示。

游戏示范：教师先做一次示范,然后引导幼儿依次出发。

注意事项：上一个幼儿回到起点停下来后,下一个幼儿才能出发,以免相撞。

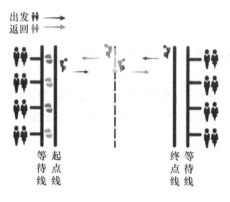

图 2-10-2

第三关：和对面幼儿交换礼物

游戏规则：师："现在,我们可以交换礼物了。"幼儿用腿夹着自己的礼物跑到中间标志杆处,向对面的幼儿大声说："送你礼物！"然后交换礼物。礼物交换成功后,幼儿夹着礼物跳回起点,交给下一个幼儿。幼儿依次出发,每个幼儿出发五次,如图 2-10-3 所示。

游戏示范：教师先做一次示范,然后引导幼儿依次出发。

注意事项：上一个幼儿回到起点停下来后,下一个幼儿才能出发,以免相撞。

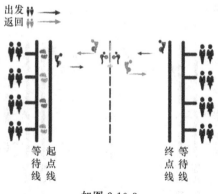

如图 2-10-3

(三) 结束部分

(1) 活动小结:教师带领幼儿一起回顾掌握的新技能,即直线往返跑和双腿夹物向前行进跳,简单总结活动情况。

(2) 放松活动:组织幼儿找到一个好朋友面对面、手拉手,教师播放放松操音乐,教师和幼儿一起跳放松操。

(3) 整理器械:教师和幼儿一起整理器械。

第十一节　超级火箭

一、活动目标

(1) 掌握单手肩上投掷的动作技巧。
(2) 增强上肢和腰腹肌肉力量。
(3) 愿意参加有挑战的活动,体验体育游戏活动带来的快乐。

二、活动重点

掌握单手肩上投掷的动作技巧。

三、活动难点

投掷时能掷准。

四、活动准备

(1) 经验准备:有投掷的经验。
(2) 物质准备。
① 场地:用胶带贴出起点线和终点线,两条线相距10米,起点线和终点线各长8米;分别在起点线和终点线后1.2米处贴出一条等待线;在等待线上贴出分组线,分组线之间相距1.2米。
② 器械:大火箭、标志桶、太空梯、泡沫面条、连接器、体操圈、泡沫砖。

五、活动过程

(一) 开始部分

(1) 队列练习:幼儿在教师手势和口令的指引下,听音乐进行队列练习,并站好体操队形。

(2) 热身操：播放热身音乐，教师和幼儿一起跳热身操。

(3) 队列准备：通过分组游戏"吸铁石"将幼儿分成 6 组，每组人数为偶数，把幼儿分别带到分组线上。

(二) 基本部分

1. 创设情境，导入活动

教师导入游戏环节："今天，小朋友们要组建一支'火箭'部队，去参加战斗！"

2. 游戏：超级火箭

第一关："火箭"部队运输"火箭"

游戏规则：幼儿单手肩上举着大"火箭"，呈 S 形绕过关卡（标志桶）到终点，然后原路返回起点，交给下一个幼儿，依次出发。每个幼儿出发两次，如图 2-11-1 所示。

游戏示范：教师先做一次示范，然后带着不爱运动的幼儿一起游戏。

注意事项：配课教师及时摆正被弄乱的标志桶。

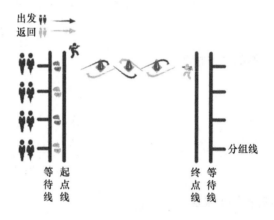

图 2-11-1

第二关："火箭"部队练习发射"火箭"

游戏规则：教师在终点线外 2 米处用泡沫砖垒出三层高的"城墙"，在最后一个标志桶处横着放一个太空梯当作"护城河"（投掷线）。幼儿单手举着大"火箭"绕过关卡，在"护城河"处练习发射"火箭"，即将"火箭"投过"城墙"，幼儿跑过去捡回"火箭"交给下一个幼儿，依次出发。每个幼儿出发三次，如图 2-11-2 所示。

游戏示范：教师先做一次示范，提示幼儿肩上投掷的动作要领。

注意事项：配课教师及时拉直被弄乱的太空梯，摆好泡沫砖。

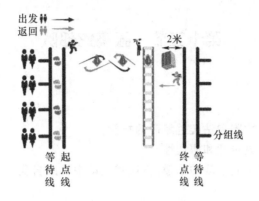

图 2-11-2

第三关:"火箭"部队开始战斗

游戏规则:教师将三根泡沫面条和三个连接器组合成一个大圆,并将其作为目标。师:"这次,我们的目标是移动的,要考验我们的小队员了!"配课教师双手举着大圆,站在"城墙"中左右移动。幼儿举着大"火箭"绕过关卡来到"护城河",发射"火箭"击中移动的目标,然后幼儿将"火箭"捡回来,交给下一个幼儿,依次出发。每个幼儿出发三次,如图 2-11-3 所示。

游戏示范:教师示范动作,提示幼儿投准的动作要领。

注意事项:同第二关;教师及时指导和纠正投掷动作。

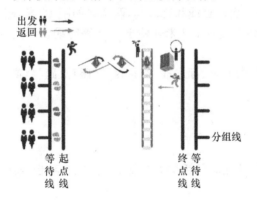

图 2-11-3

(三) 结束部分

(1) 活动小结:教师带领幼儿一起回顾掌握的新技能,即单手肩上投掷,简单总结活动情况。

(2) 放松活动:组织幼儿找到一个好朋友面对面、手拉手,教师播放放松操音乐,教师和幼儿一起跳放松操。

(3) 整理器械:教师和幼儿一起整理器械。

第十二节　眼镜蛇部队

一、活动目标

(1) 掌握绕障碍物跑和钻爬过障碍的技能。
(2) 提高身体的灵敏性和协调性。
(3) 体验和同伴一起游戏的乐趣,喜欢在运动中挑战自我。

二、活动重点

掌握绕障碍物跑和钻爬过障碍的技能。

三、活动难点

在绕障碍物跑时能控制好身体的方向。

四、活动准备

(1) 经验准备:有跑和钻爬的经验。
(2) 物质准备
① 场地:用胶带贴出起点线和终点线,两条线相距10米,起点线和终点线各长8米;分别在起点线和终点线后1.2米处贴出一条等待线;在等待线上贴出分组线,分组线之间相距1.2米。
② 器械:长标杆、圆底座、标志桶、梅花盘、跳跳球、跨栏(高)。

五、活动过程

(一) 开始部分

(1) 队列练习:幼儿在教师手势和口令的指引下,听音乐进行队列练习,并站好体操队形。
(2) 热身操:播放热身音乐,教师和幼儿一起跳热身操。
(3) 队列准备:通过分组游戏"荷花荷花"将幼儿分成4组,把幼儿分别带到分组线上。

(二) 基本部分

1. 创设情境,导入活动

教师导入游戏环节:"今天,小朋友们要像小蛇一样绕过每一根竖杆。注意,不要碰到它,小心被它粘住了!"

2. 游戏:眼镜蛇部队

第一关:幼儿绕过每根标志杆

游戏规则:幼儿从起点出发,绕过每一根标志杆到达终点,然后用同样的方式返回起点站到队尾,下一个幼儿出发。每个幼儿出发五次,如图2-12-1所示。

游戏示范:教师先做一次示范,然后引导幼儿依次出发,并给幼儿强调规则意识。

注意事项:主课教师强调出发次序,提醒幼儿身体不能碰倒标志杆;配课教师及时扶起被碰倒的标志杆。

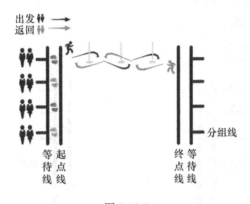

图 2-12-1

第二关:幼儿绕过每根标志杆,躲避冰冻蘑菇

游戏规则:教师在每条跑道的两个圆底座中间摆放一个标志桶。师:"刚才,跑道上突然长出了很多'冰冻蘑菇'。小朋友们通过时要注意了,千万不要碰到了,碰到了就被冻住了!"每个幼儿出发三次,如图2-12-2所示。

游戏示范:教师先做一次示范,提醒幼儿注意躲避障碍物。

注意事项:主课教师强调出发次序,指导幼儿身体不能碰到标志杆和"冰冻蘑菇";配课教师及时扶起被碰倒的标志杆和标志桶。

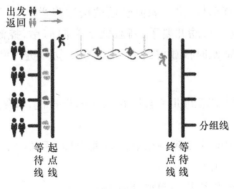

图 2-12-2

第三关:幼儿绕过每根标志杆,躲避"冰冻蘑菇"去运送"小豆子"

游戏规则: 教师在终点摆放梅花盘,上面放一个"小豆子"(跳跳球)。幼儿从起点出发,绕过每一根标志杆到终点拿"小豆子",用右胳膊将其夹紧,绕着标志杆跑回起点,交给下一个幼儿,自己站到队尾。拿到"小豆子"的幼儿再夹着"小豆子"跑到终点,将"小豆子"放在梅花盘上面。每个幼儿依次出发,如图2-12-3所示。

游戏示范: 教师示范动作并指导幼儿游戏。教师应及时指导和鼓励对动作掌握不好的幼儿,表扬表现好的幼儿。

注意事项: 同第一关。

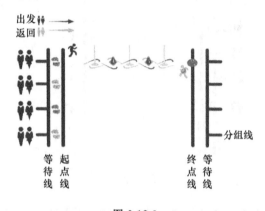

图 2-12-3

第四关:幼儿穿过小门,躲避"冰冻蘑菇"

游戏规则: 教师将跨栏(高)摆在标志杆旁边,每个跑道摆放两个。师:"小神仙在标杆的旁边开了个小门,小朋友们去终点的时候要绕过这些小门,回来的时候,要一边绕桩,一边钻小门。注意,你们的身体一定不要碰到'冰冻蘑菇'!"每个幼儿出发两次,如图2-12-4所示。

游戏示范: 教师示范动作,讲解如何轻松地钻过跨栏。

注意事项: 在钻跨栏时,幼儿要手膝爬,低下头向前钻,控制好身体,尽量不要让身体碰到跨栏;配课教师及时摆放好跨栏,帮助个别幼儿进行游戏。

(三) 结束部分

(1) 活动小结:教师带领幼儿一起回顾掌握的新技能,即绕障碍物跑和钻爬过障碍,简单总结活动情况。

(2) 放松活动:组织幼儿找到一个好朋友面对面、手拉手,教师播放放松操音乐,教师和幼儿一起跳放松操。

(3) 整理器械:教师和幼儿一起整理器械。

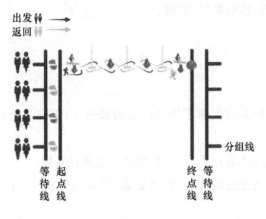

图 2-12-4

第十三节 蘑菇军团

一、活动目标

(1) 提高绕障碍物跑和立定跳跃障碍物的能力。
(2) 锻炼身体的爆发力及协调性。
(3) 喜爱并积极参加体育活动,体验运动带来的快乐。

二、活动重点

掌握绕障碍物跑和立定跳跃障碍物的技能。

三、活动难点

在立定跳跃障碍物时能有节奏的连续跳过障碍物。

四、活动准备

(1) 经验准备:有跑和立定跳远的经验。
(2) 物质准备。
① 场地:用胶带贴出起点线和终点线,两条线相距10米,起点线和终点线各长8米;分别在起点线和终点线后1.2米处贴出一条等待线;在等待线上贴出分组线,分组线之间相距1.2米。

② 器械:六色盘、雪糕杯、标志桶。

五、活动过程

(一) 开始部分

(1) 队列练习:幼儿在教师手势和口令的指引下,听音乐进行队列练习,并站好体操队形。

(2) 热身操:播放热身音乐,教师和幼儿一起跳热身操。

(3) 队列准备:通过分组游戏"数字游戏"将幼儿分成 4~6 组,把幼儿带到起点分组线上站好。

(二) 基本部分

1. 创设情境,导入活动

教师导入游戏环节:"今天,小朋友们要变成'蘑菇军团'的成员了,我们要去种'蘑菇'。"

2. 游戏:蘑菇军团

第一关:考察土地

游戏规则:师:"'蘑菇军团'要种'蘑菇'的话,得先去考察土地。"幼儿绕着六色盘 S 形跑到终点,摸一下对应的标志桶,然后原路返回并站到队尾,下一个幼儿出发。幼儿依次出发,每个幼儿出发三次,如图 2-13-1 所示。

游戏示范:教师先做一次示范,跑步时眼睛看向前方。

注意事项:幼儿一组接着一组出发,避免相撞。

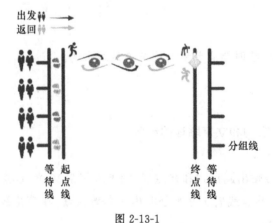

图 2-13-1

第二关:跳 过 土 地

游戏规则: 师:"土地考察完毕,可是土地很高,让我们勇敢地跳过去吧!"幼儿跳过六色盘,到终点摸一下标志桶,然后跳回起点,自己站到队尾,下一个幼儿出发。每个幼儿出发四次,如图 2-13-2 所示。

游戏示范: 教师先做一次示范,然后引导幼儿依次出发。

注意事项: 上一个幼儿回到起点停下来后,下一个幼儿才能出发,以免相撞。

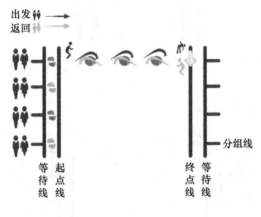

图 2-13-2

第三关:种"蘑菇"

游戏规则: 师:"我们土地的土质很好,该种点蘑菇了吧。"每个幼儿拿一个雪糕杯,跑出去种在土地里,将雪糕杯尖朝上放到六色盘上。该幼儿返回起点,下一个幼儿拿一个雪糕杯出发,种子都种好后,请幼儿鼓鼓掌,如图 2-13-3 所示。

师:"种子种好了,我们得给种子洒洒水。"幼儿绕着种好的土地 S 形跑,但是不要踩到小"蘑菇",每个幼儿出发两次,如图 2-13-4 所示。

师:"'蘑菇军团'的'蘑菇'种好了,请把'蘑菇'收回来吧。"幼儿跑出去拿一个雪糕杯跑到终点,叠放在标志桶上,然后返回起点和下一个幼儿击掌,下一个幼儿出发去采"蘑菇"。待"蘑菇"都放在标志桶后,教师引导幼儿把种子拿回来,再种"蘑菇"、浇水、收"蘑菇"。每组幼儿种三次,如图 2-13-5 所示。

游戏示范: 教师先做一次示范,然后引导幼儿依次出发。

注意事项: 上一个幼儿回到起点停下来后,下一个幼儿才能出发,以免相撞。

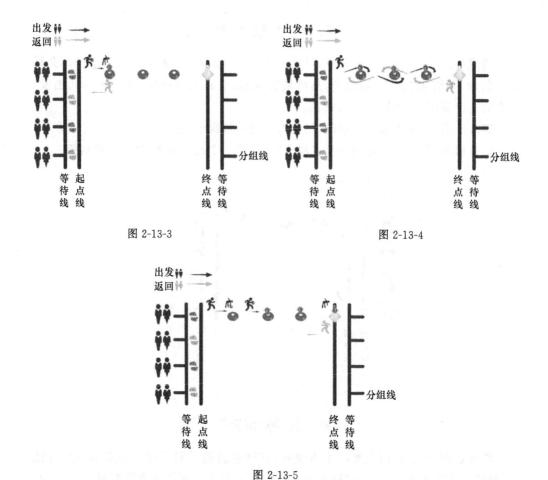

图 2-13-3　　　　　　　图 2-13-4

图 2-13-5

(三) 结束部分

(1) 活动小结:教师带领幼儿一起回顾掌握的新技能,即绕障碍物跑和立定跳跃障碍物,简单总结活动情况。

(2) 放松活动:组织幼儿找到一个好朋友面对面、手拉手,教师播放放松操音乐,教师和幼儿一起跳放松操。

(3) 整理器械:教师和幼儿一起整理器械。

第十四节　巧克力豆

一、活动目标

(1) 掌握双腿夹物向前行进跳和倒着走的技能。

(2) 提高身体的平衡能力及协调性。
(3) 感受挑战性游戏带来的愉快体验。

二、活动重点

掌握双腿夹物向前行进跳和倒着走的技能。

三、活动难点

倒着行走时能控制好身体的方向。

四、活动准备

(1) 经验准备：有双脚连续跳的经验。
(2) 物质准备。
① 场地：用胶带贴出起点线和终点线，两条线相距10米，起点线和终点线各长8米；分别在起点线和终点线后1.2米处贴出一条等待线；在等待线上贴出分组线，分组线之间相距1.2米。
② 器械：泡沫面条、连接器、跳跳球。

五、活动过程

(一) 开始部分

(1) 队列练习：幼儿在教师手势和口令的指引下，听音乐进行队列练习，并站好体操队形。
(2) 热身操：播放热身音乐，教师和幼儿一起跳热身操。
(3) 队列准备：通过分组游戏"吸铁石"将幼儿分成人数相同的8组，其中4组站在起跑线的分组线上，另外4组站在相对应的终点线的分组线上。

(二) 基本部分

1. 创设情境，导入活动

教师导入游戏环节："今天，小朋友们要拿着'巧克力豆'来进行游戏。"

2. 游戏：巧克力豆

第一关：幼儿交换"巧克力豆"，进行对应小组的场地交换

游戏规则：教师拿出四颗和泡沫面条一样颜色的跳跳球当作巧克力豆。拿到"巧克力豆"的幼儿就可以参加游戏，没有拿到"巧克力豆"的幼儿要等待。教师把"巧克力豆"给起点每组第一个幼儿，幼儿用右胳膊夹着"巧克力豆"，跑到自己相对的组,将"巧克力豆"传给对面组第一个幼儿,自己站到队尾。拿到"巧克力豆"的幼儿出发,依次传递,直到对应两组的幼儿全部交换场地。比一比哪组最先完成场地交换,如图 2-14-1 所示。共进行四次游戏。

游戏示范:教师先做一次示范,讲解游戏线路和交换方法。

注意事项:幼儿在进行新的游戏时会出现队形混乱的情况,教师应及时讲解和纠正。

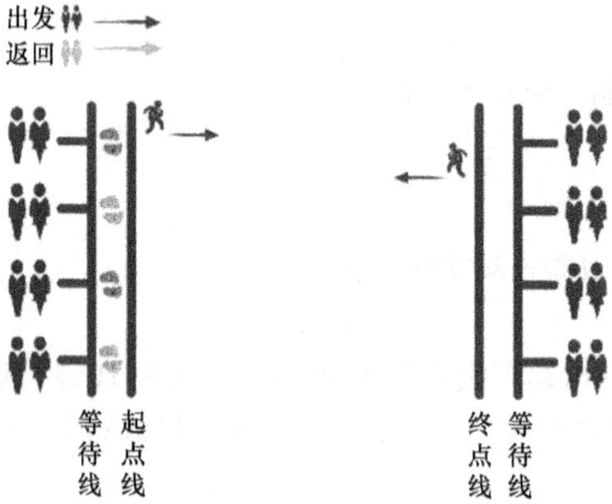

图 2-14-1

第二关:幼儿跳着传递"巧克力豆",进行对应小组的场地交换

游戏规则:幼儿将"巧克力豆"夹在两个膝盖之间,双脚跳跃前进。交换方式同第一关,共进行两次游戏,如图 2-14-2 所示。

游戏示范:教师先做一次示范,指导双腿夹物动作不协调的幼儿。

注意事项:同第一关。

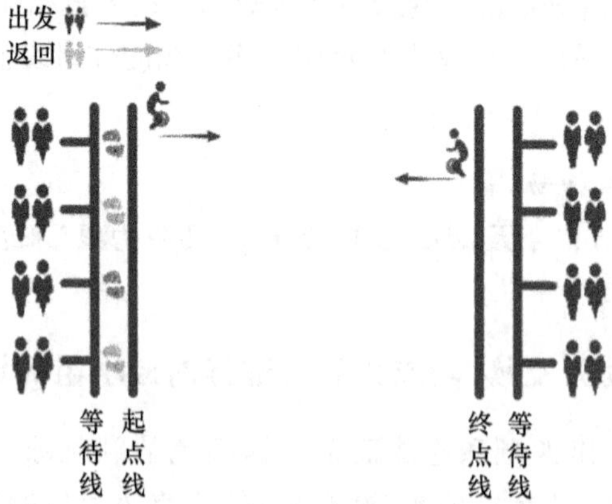

图 2-14-2

第三关：幼儿倒着走传递"巧克力豆"

游戏规则：幼儿双手拿着"巧克力豆"然后弯腰将其放在地上，用手指拨动"巧克力豆"倒着走。交换方式同第二关，共进行两次游戏，如图2-14-3所示。

游戏示范：教师先做一次示范，指导、纠正倒着走困难的幼儿。

注意事项：同第一关；幼儿在倒着走时，容易找不准方向，教师应及时给予帮助，避免相撞。

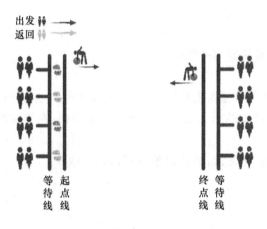

图 2-14-3

（三）结束部分

(1) 活动小结：教师带领幼儿一起回顾掌握的新技能，即夹物向前行进跳和倒着走，简单总结活动情况。

(2) 放松活动：组织幼儿找到一个好朋友面对面、手拉手，教师播放放松操音乐，教师和幼儿一起跳放松操。

(3) 整理器械：教师和幼儿一起整理器械。

第十五节　趣味跑跑跑

一、活动目标

(1) 掌握两人协同持物跑的方法。
(2) 增强腿部力量及提高身体协调性。
(3) 体验与同伴合作游戏的快乐。

二、活动重点

掌握两人协同持物跑的方法。

三、活动难点

在两人协同持物跑时能与同伴保持一致。

四、活动准备

(1) 经验准备:有往返跑的经验。
(2) 物质准备。
① 场地:用胶带贴出起点线和终点线,两条线相距10米,起点线和终点线各长8米;分别在起点线和终点线后1.2米处贴出一条等待线;在等待线上贴出分组线,分组线之间相距1.2米。
② 器械:标志桶、梅花盘、泡沫面条、鳄鱼球、长标杆。

五、活动过程

(一) 开始部分

(1) 队列练习:幼儿在教师手势和口令的指引下,听音乐进行队列练习,并站好体操队形。
(2) 热身操:播放热身音乐,教师和幼儿一起跳热身操。
(3) 队列准备:通过分组游戏"吸铁石"将幼儿分成人数相同的6~8组,请幼儿站在分组线上。

(二) 基本部分

1. 创设情境,导入活动

教师导入游戏环节:"今天,小朋友们要进行趣味跑。趣味跑有点难度,也许不是一个人跑哦!"

2. 游戏:趣味跑跑跑

第一关:直线折返跑

游戏规则:幼儿跑到终点,摸一下梅花盘返回起点,下一个幼儿听见教师的口令后出发。每个幼儿出发两次,如图2-15-1所示。

游戏示范:教师先做一次示范,然后带着不爱动的幼儿一起游戏。

注意事项:教师提醒幼儿跑在自己的跑道上,以免相撞。

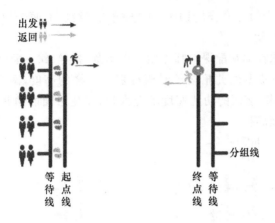

图 2-15-1

第二关:两个幼儿协同持物跑

游戏规则:教师给每个幼儿发一个标志桶。幼儿两人一组将标志桶的底对起来一起跑,跑时不能分开。幼儿跑到终点然后返回到起点,每组幼儿出发三次,如图 2-15-2 所示。

游戏示范:主课教师和配课教师先做一次示范,并向幼儿强调标志桶不能分开。

注意事项:教师提醒幼儿跑在自己的跑道上,以免相撞;两个幼儿要横着跑,不可以一前一后跑,以防摔倒。

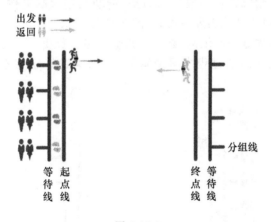

图 2-15-2

第三关:两个幼儿抬"轿子"前进

游戏规则:教师把长标杆插到标志桶第三个孔(靠近底部),露出两边,放到两个幼儿肩上,将标志桶反过来当作轿子,并在里面放鳄鱼球。幼儿抬"轿子"时,不能让鳄鱼球掉下来。两个幼儿合作跑回来,把"轿子"交给后面两个幼儿,每组幼儿出发三次,如图 2-15-3 所示。

游戏示范:主课教师和配课教师先做一次示范,指导、纠正配合不好的幼儿。

注意事项:教师提醒幼儿抬轿子时横杆保持一样的高度,两个幼儿保持一样速度,球才不会掉下来;前面的幼儿速度不能太快,以免后面的幼儿跟不上;教师应制止幼儿拿着标志杆玩耍。

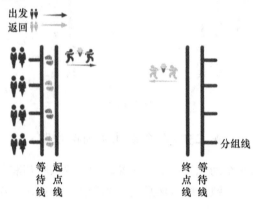

图 2-15-3

第四关:幼儿完成"大尾巴"游戏

游戏规则:教师给每组发一根泡沫面条,请幼儿用大腿夹住,跑到终点再回来,交给下一个幼儿。每个幼儿出发一次,如图 2-15-4 所示。

游戏示范:教师先做一次示范,鼓励幼儿坚持完成游戏。

注意事项:幼儿在跑的过程中看清脚下,不能踩到其他组的泡沫面条,以免被绊倒。

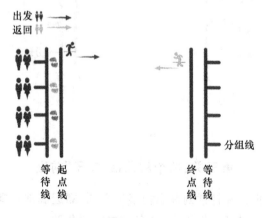

图 2-15-4

（三）结束部分

（1）活动小结：教师带领幼儿一起回顾掌握的新技能，即两人协同持物跑，简单总结活动情况。

（2）放松活动：组织幼儿找到一个好朋友面对面、手拉手，教师播放放松操音乐，教师和幼儿一起跳放松操。

（3）整理器械：教师和幼儿一起整理器械。

第十六节　机械传送带

一、活动目标

（1）掌握双手传球和双脚离地传球的技能。
（2）增强腿部力量和腰腹力量，提高身体协调性。
（3）体验挑战类游戏带来的快乐。

二、活动重点

掌握双手传球和双脚离地传球的技能。

三、活动难点

在双脚离地传球时能控制好腿部和腰腹力量，让球不掉落。

四、活动准备

（1）经验准备：有双手传球的经验。
（2）物质准备。
① 场地：一块空地。
② 器械：鳄鱼球、小椅子。

五、活动过程

（一）开始部分

（1）队列练习：幼儿在教师手势和口令的指引下，听音乐进行队列练习，并站好体操队形。
（2）热身操：播放热身音乐，教师和幼儿一起跳热身操。
（3）队列准备：教师引导幼儿用椅子拼成一个大圆，并坐在椅子上面。

（二）基本部分

1. 创设情境，导入活动

教师导入游戏环节："今天，我们要变成机械传送带，让我们运转起来吧！"

2. 游戏:机械传送带

第一关:双 手 传 球

游戏规则:教师将一个鳄鱼球放到幼儿手里,音乐响起时,鳄鱼球从左向右传递起来(注意不要让球掉落)。音乐停止时,不管球在谁的手里都要停下来,如图 2-16-1 所示。

游戏示范:教师指导幼儿先传递一圈,然后进行游戏。

注意事项:幼儿传球时不能碰到旁边幼儿的头部。

图 2-16-1

第二关:幼儿用双脚传球

游戏规则:师:"用手传球太简单了,接下来我们用脚传球。"幼儿用双腿夹住鳄鱼球,传给下一个幼儿,下一个幼儿用脚接球。教师播放音乐,"传送带"动起来。传递两圈后,教师停止播放音乐,"传送带"也停下来,如图 2-16-2 所示。

图 2-16-2

师:"有的小朋友说穿着鞋不好传。"幼儿把鞋脱掉,放在椅子下面,光着脚丫传球。音乐响起,传递三圈之后,教师停止播放音乐并问幼儿:光脚传球和穿鞋传球有什么不同?

游戏示范:教师指导幼儿先传递一圈,然后带着不爱动的幼儿一起游戏。

注意事项:教师提醒幼儿双脚传球时双腿夹紧。

第三关:同时传递两个球

游戏规则:同时传递两个球。教师寻找起点的时候,隔开传球的两个起点。共传递三圈。

游戏示范:教师指导幼儿先传递一圈,然后开始游戏,如图 2-16-3 所示。
注意事项:幼儿在用双脚传球时应保持身体平衡。

图 2-16-3

第四关:同时传递三个球

游戏规则:同时传递三个球,传递三圈,如图 2-16-4 所示。
游戏示范:请幼儿示范。
注意事项:教师提示幼儿按顺时针方向传球。

图 2-16-4

(三)结束部分

(1)活动小结:教师带领幼儿一起回顾掌握的新技能,即双手传球和双脚离地传球,简单总结活动情况。

(2)放松活动:组织幼儿找到一个好朋友面对面、手拉手,教师播放放松操音乐,教师和幼儿一起跳放松操。

(3)整理器械:教师和幼儿一起整理器械。

第十七节　小青蛙跳荷叶

一、活动目标

(1)掌握双脚连续跳和双脚跨跳越过障碍物的技能。
(2)提高身体的协调性和跳跃能力。

(3) 遵守游戏规则,感受游戏带来的乐趣。

二、活动重点

掌握双脚连续跳和双脚跨跳越过障碍物的技能。

三、活动难点

双脚跨跳越过障碍物时,能以合理的距离放置飞盘。

四、活动准备

(1) 经验准备:有双脚连续跳和立定跳远的经验。
(2) 物质准备。
① 场地:用胶带贴出起点线和终点线,两条线相距 10 米,起点线和终点线各长 8 米;分别在起点线和终点线后 1.2 米处贴出一条等待线;在等待线上贴出分组线,分组线之间相距 1.2 米。
② 器械:标志桶、软飞盘、六色盘。

五、活动过程

(一) 开始部分

(1) 队列练习:幼儿在教师手势和口令的指引下,听音乐进行队列练习,并站好体操队形。
(2) 热身操:播放热身音乐,教师和幼儿一起跳热身操。
(3) 队列准备:通过分组游戏"荷花荷花"将幼儿分成 4 组,请幼儿分别站在分组线上。

(二) 基本部分

1. 创设情境,导入活动

教师导入游戏环节:"今天,小朋友们要变成勇敢的小青蛙,学习跳跃本领。"

2. 游戏:小青蛙跳荷叶

第一关:小青蛙从荷叶上跳到终点,练习跳跃

游戏规则:每组第一个幼儿出发,站在第一个飞盘上,采用双脚跳跃动作一直跳到终点,然后跑回起点,下一个幼儿接着出发。小青蛙的双脚一定要落在荷叶上,如果落在其他地方,小青蛙就会被池塘里的鳄鱼抓走。每个幼儿出发五次,如图 2-17-1 所示。

游戏示范：教师先做一次示范，然后指导和帮助个别跳跃能力弱的幼儿。

注意事项：当第一个幼儿跳到第四张荷叶上时，下一个幼儿出发；教师应注意幼儿的出发间隔。

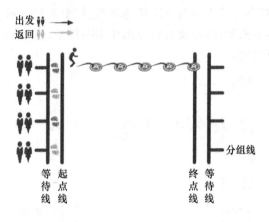

图 2-17-1

第二关：荷叶被魔法师控制后可以自己移动，小青蛙要自己控制荷叶跳跃前进

游戏规则：师："荷叶被魔法师控制了，可以自己移动，小青蛙要控制好荷叶哦！"每组第一个幼儿拿两个飞盘当作荷叶，从起点开始放在地面上，幼儿双脚踩在一片荷叶上，一只手拿起另一片荷叶往前挪，然后往前跳到前面的荷叶上，这样依次前进，到达终点后跑回起点。每个幼儿出发三次，如图 2-17-2 所示。

游戏示范：教师先做一次示范，然后引导幼儿依次出发。

注意事项：教师提醒幼儿要双脚跳在荷叶上。

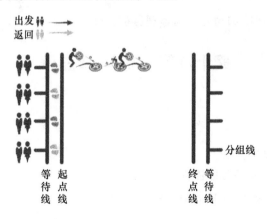

图 2-17-2

第三关：小青蛙绕过六色盘跳着荷叶到终点

游戏规则： 教师在小青蛙去往终点的路上摆放六色盘，小青蛙是不可以碰到六色盘的。幼儿要用和第二关相同的方式到达终点，如图 2-17-3 所示。

游戏示范： 教师示范动作，并及时指导动作掌握得不好的幼儿。

注意事项： 同第二关。

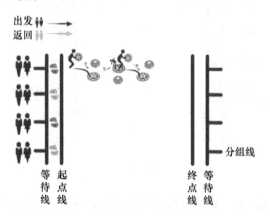

图 2-17-3

（三）结束部分

（1）活动小结：教师带领幼儿一起回顾掌握的新技能，即双脚连续跳和双脚跨跳越过障碍物，简单总结活动情况。

（2）放松活动：组织幼儿找到一个好朋友面对面、手拉手，教师播放放松操音乐，教师和幼儿一起跳放松操。

（3）整理器械：教师和幼儿一起整理器械。

第十八节　倒车，请注意

一、活动目标

（1）掌握倒着钻的方法。

（2）提高身体协调性和敏捷性。

（3）愿意参加挑战性体育活动，体验成功的快乐。

二、活动重点

掌握倒着钻的方法。

三、活动难点

倒着钻时动作协调,不碰触障碍物。

四、活动准备

(1) 经验准备:有钻爬的经验。

(2) 物质准备。

① 场地:用胶带贴出起点线和终点线,两条线相距10米,起点线和终点线各长8米;分别在起点线和终点线后1.2米处贴出一条等待线;在等待线上贴出分组线,分组线之间相距1.2米。

② 器械:跨栏(中、高)、标志桶、长标杆、鳄鱼球。

五、活动过程

(一) 开始部分

(1) 队列练习:幼儿在教师手势和口令的指引下,听音乐进行队列练习,并站好体操队形。

(2) 热身操:播放热身音乐,教师和幼儿一起跳热身操。

(3) 队列准备:通过分组游戏"吸铁石"将幼儿分成6~8组。

(二) 基本部分

1. 创设情境,导入活动

教师导入游戏环节:"今天,小朋友们变成小汽车,来进行倒车比赛,比一比哪个小车司机的倒车技术最牛!"

2. 游戏:倒车,请注意

第一关:幼儿倒车钻过小跨栏

游戏规则:幼儿遇见跨栏,倒着钻过去,然后起身继续跑至下一个跨栏并倒着钻过去。幼儿到达终点后绕过标志桶再返回起点。幼儿依次出发,每人完成五次,如图2-18-1所示。

游戏示范:教师先做一次示范,然后带领幼儿进行游戏,并指导不会倒着钻的幼儿。

注意事项:配课教师及时扶正倒下的跨栏。

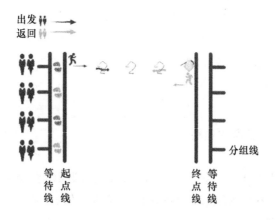

图 2-18-1

第二关：幼儿倒车钻过新的障碍物

游戏规则：师："小朋友们的倒车技术还是很棒的！来，给自己鼓鼓掌！"教师用长标杆连接两个标志桶，高度是第三个孔（从下往上），摆在刚才的跨栏中间，幼儿跑至新的障碍物并倒着钻过去。幼儿依次出发，每个幼儿完成三次，如图 2-18-2 所示。

游戏示范：教师先做一次示范，帮助并指导倒着钻不协调的幼儿。

注意事项：教师注意指导个别幼儿。

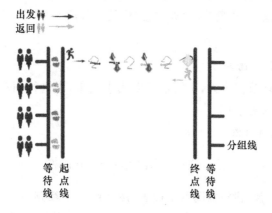

图 2-18-2

第三关：装货物倒车比赛

游戏规则：师："刚才是空车锦标赛，接下来我们要运一个大南瓜！"幼儿先用双脚夹着大南瓜（鳄鱼球）跳着前进，遇到跨栏要在保证夹紧"南瓜"的情况下倒着钻过去。幼儿依次出发，每个幼儿完成三次，如图 2-18-3 所示。

游戏示范:此动作很有挑战性,教师应多示范、多指导。
注意事项:教师用语言提示幼儿动作要领。

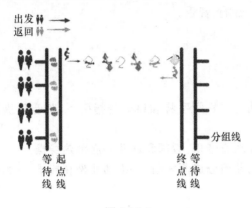

图 2-18-3

(三) 结束部分

(1) 活动小结:教师带领幼儿一起回顾掌握的新技能,即倒着钻,简单总结活动情况。

(2) 放松活动:组织幼儿找到一个好朋友面对面、手拉手,教师播放放松操音乐,教师和幼儿一起跳放松操。

(3) 整理器械:教师和幼儿一起整理器械。

第十九节　好 朋 友

一、活动目标

(1) 掌握双脚向前行进跳和运球的动作技巧。
(2) 提高四肢的协调性和灵敏性。
(3) 愿意积极参加体育游戏活动。

二、活动重点

掌握双脚向前行进跳和运球的动作技巧。

三、活动难点

运球时不要让球掉落。

四、活动准备

(1) 经验准备:有双脚连续跳的经验。

(2) 物质准备。
① 场地：一块空场地。
② 器械：跳跳球、音响、音乐。

五、活动过程

（一）开始部分

（1）队列练习：幼儿在教师手势和口令的指引下，听音乐进行队列练习，并站好体操队形。
（2）热身操：播放热身音乐，教师和幼儿一起跳热身操。
（3）队列准备：幼儿被分成两大组，一组幼儿坐在椅子上，另一组幼儿站成一排。

（二）基本部分

1. 创设情境，导入活动

教师导入游戏环节："今天，小朋友们要找到自己的好朋友，然后将自己的跳跳球送给好朋友。"

2. 游戏：好朋友

第一关：幼儿用双脚夹住跳跳球，跳着去找好朋友，并把跳跳球传给他

游戏规则：教师给站着的幼儿每人发放一个跳跳球。请拿到跳跳球的幼儿用双脚将其夹住，跳着去找好朋友，将跳跳球手递手传给他，然后自己坐到他的位置上，等着下一个好朋友来找。每个幼儿被找四次，如图 2-19-1 所示。

游戏示范：教师先做一次示范，然后幼儿开始游戏。

注意事项：如果出现两个幼儿抢一个幼儿的情况，教师应及时疏导和帮助；幼儿要手递手传球，而不是扔球，以免砸伤。

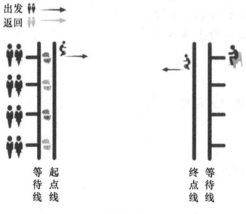

图 2-19-1

第二关:幼儿用双脚夹着跳跳球,像毛毛虫一样前进找好朋友

游戏规则:幼儿坐在地面上,双脚夹着跳跳球,像毛毛虫一样前进找好朋友。每个幼儿被找四次,如图 2-19-2 所示。

游戏示范:教师先做一次示范,然后带着不爱动的幼儿一起游戏,表扬和评价幼儿的表现。

注意事项:同第一关。

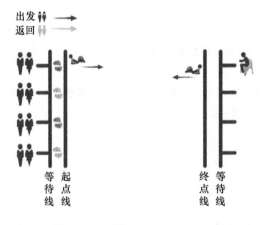

图 2-19-2

(三)结束部分

(1)活动小结:教师带领幼儿一起回顾掌握的新技能,即双脚向前行进跳和运球,简单总结活动情况。

(2)放松活动:组织幼儿找到一个好朋友面对面、手拉手,教师播放放松操音乐,教师和幼儿一起跳放松操。

(3)整理器械:教师和幼儿一起整理器械。

第二十节　霸王龙

一、活动目标

(1)掌握双腿夹物行进跳的方法。
(2)增强腿部力量和身体灵活性。
(3)遵守游戏规则,体验合作游戏带来的快乐。

二、活动重点

掌握双腿夹物行进跳的方法。

三、活动难点

把握好双腿夹物行进跳的节奏,跳跃时不让物体掉落。

四、活动准备

(1) 经验准备:有双腿夹物跳的经验。

(2) 物质准备。

① 场地:用胶带贴出起点线和终点线,两条线相距10米,起点线和终点线各长8米;分别在起点线和终点线后1.2米处贴出一条等待线。

② 器械:六色盘。

五、活动过程

(一) 开始部分

(1) 队列练习:幼儿在教师手势和口令的指引下,听音乐进行队列练习,并站好体操队形。

(2) 热身操:播放热身音乐,教师和幼儿一起跳热身操。

(3) 队列准备:群体游戏。

(二) 基本部分

1. 创设情境,导入活动

教师导入游戏环节:"我的好朋友霸王龙一会儿会来,它会抓几个幼儿回去做游戏。不过霸王龙有个小缺点,看不到静止的物体,所以幼儿要注意了,不能被霸王龙抓到。"

2. 游戏:霸王龙

第一关:教师模仿霸王龙来抓小朋友

游戏规则:教师给每个幼儿发放一个六色盘,幼儿用膝盖夹住六色盘跳跃前进,听到教师说:"霸王龙来了!"幼儿停下来,站到六色盘上面。第二组后,教师改为播放音乐,音乐响起,幼儿跳跃;音乐停止,幼儿踩到六色盘上面,一动不动。教师可以假装用很大的力气去吹幼儿,如图2-20-1所示。

游戏示范:教师先做一次示范,然后带着不爱动的幼儿一起游戏。

注意事项:在跳跃过程中,幼儿应分散开,避免拥挤、相撞。

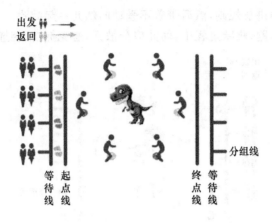

图 2-20-1

第二关:两个幼儿合作对抗霸王龙

游戏规则:师:"霸王龙的力量增加了,可以抓起一个小朋友,要想不被抓到,你就要找到一个好朋友,两个人的飞盘对在一起,一动不动,这样霸王龙就抓不到你们了。"如图2-20-2所示。教师播放音乐,幼儿夹着六色盘跳起来,音乐停下时,幼儿找到好朋友,两个人的六色盘对在一起,教师假装用很大的力气也不能把两个幼儿分开,如图2-20-3所示。

游戏示范:教师讲解规则,然后带着不爱动的幼儿一起游戏。

注意事项:在跳跃过程中,幼儿应分散开,避免拥挤、相撞。

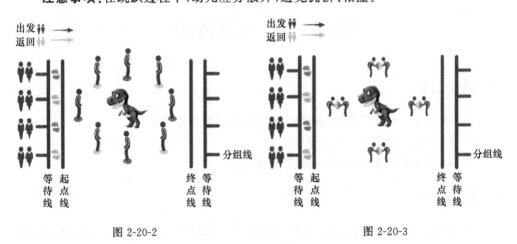

图 2-20-2   图 2-20-3

第三关:六色盘颜色一样的幼儿一起对抗霸王龙

游戏规则:幼儿找到和自己六色盘颜色相同的好朋友,玩法同第二关,如图2-20-4所示。

游戏示范：教师讲解规则，然后带着不爱动的幼儿一起游戏。
注意事项：在奔跑、跳跃过程中，幼儿应分散开，避免拥挤、相撞。

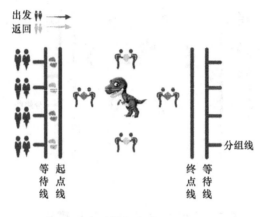

图 2-20-4

（三）结束部分

（1）活动小结：教师带领幼儿一起回顾掌握的新技能，即能根据游戏规则进行游戏，简单总结活动情况。

（2）放松活动：组织幼儿找到一个好朋友面对面、手拉手，教师播放放松操音乐，教师和幼儿一起跳放松操。

（3）整理器械：教师和幼儿一起整理器械。

第二十一节　颜色碰碰对

一、活动目标

（1）练习双腿夹物行进跳，跳跃时能很好地控制身体节奏。
（2）增强腿部力量和身体灵活性。
（3）能遵守游戏规则，感受游戏带来的快乐。

二、活动重点

双腿夹物行进跳时能做到双臂自然摆动，双脚并拢且同时落地，落地时屈膝缓冲。

三、活动难点

把握好双腿夹物行进跳的节奏，跳跃时不让物体掉落。

四、活动准备

(1) 经验准备:有双脚夹物跳和四散跑的经验。
(2) 物质准备。
① 场地:清除场地杂物,消除安全隐患。
② 器械:六色盘、泡沫面条。

五、活动过程

(一) 开始部分

(1) 队列练习:幼儿在教师手势和口令的指引下,听音乐进行队列练习,并站好体操队形。
(2) 热身操:播放热身音乐《跳跳糖》,重点练习幼儿下肢动作。
(3) 队列准备:教师组织幼儿手拉手组成一个大大的圆圈,师:"吹泡泡,吹泡泡,吹个大泡泡!"

(二) 基本部分

1. 创设情境,导入活动

教师导入游戏环节:"今天,我要和小朋友们一起玩一个颜色闯关的游戏。当我们吹泡泡,泡泡被吹爆时,小朋友们要找到与手里拿的六色盘颜色一样的好朋友。"

2. 游戏:颜色碰碰对

第一关:幼儿拿着六色盘跑着找朋友

游戏规则: 师:"吹泡泡,吹泡泡,吹成一个大泡泡!"说三遍之后,师:"泡泡爆炸啦!"幼儿赶快找到自己的好朋友,如图 2-21-1 所示。

游戏示范: 教师先做一次示范,指导和帮助个别幼儿。

注意事项: 教师观察幼儿,如果有没有找到好朋友的或者落单的幼儿,要及时给予帮助,直到每个幼儿都能迅速找到好朋友;注意幼儿间隔,避免相撞。

图 2-21-1

第二关:幼儿用膝盖夹着六色盘跳着找朋友

游戏规则:幼儿用膝盖夹住六色盘,跟着欢快的音乐跳起来,当音乐停下来时,还是找到一个和自己手中六色盘颜色一样的幼儿手拉手,如图 2-21-2 所示。

游戏示范:教师先做一次示范,然后引导幼儿依次出发。

注意事项:同第一关。

图 2-21-2

第三关:幼儿夹着六色盘找颜色相同的泡沫面条做朋友

游戏规则:教师把泡沫面条散落在场地内(一定要散开且数量多于幼儿数量),如图 2-21-3 所示。师:"吹泡泡,吹泡泡,吹个大泡泡!"说三遍之后,师:"泡泡爆炸了!"幼儿夹着六色盘跳着去找一根和六色盘颜色一样的泡沫面条并高高地将其举起来。共完成 3 次,如图 2-21-4 所示。

游戏示范:教师示范动作,并及时指导动作掌握得不是很好的幼儿。

注意事项:同第二关。

图 2-21-3　　　　　　　　　图 2-21-4

(三) 结束部分

(1)活动小结:教师带领幼儿一起回顾掌握的新技能,即能根据游戏提示进行四散跑和夹物行进跳,简单总结活动情况。

(2) 放松活动:组织幼儿找到一个好朋友面对面、手拉手,教师播放放松操音乐,教师和幼儿一起跳放松操。

(3) 整理器械:教师和幼儿一起整理器械。

第二十二节　小神龙学本领

一、活动目标

(1) 能双脚连续跳过不同宽度的距离。
(2) 跳跃时能很好地控制身体节奏。
(3) 在游戏中能遵守规则,体验成功的喜悦。

二、活动重点

能双脚连续跳过不同宽度的距离。

三、活动难点

双脚连续跳时能很好地控制身体节奏。

四、活动准备

(1) 经验准备:有双脚连续跳的经验。
(2) 物质准备。
① 场地:用胶带贴出起点线和终点线,两条线相距10米,起点线和终点线各长8米;分别在起点线和终点线后1.2米处贴出一条等待线;在等待线上贴出分组线,分组线之间相距1.2米。
② 器械:踩桶。

五、活动过程

(一) 开始部分

(1) 队列练习:幼儿在教师手势和口令的指引下,听音乐进行队列练习,并站好体操队形。
(2) 热身操:播放热身音乐,教师和幼儿一起跳热身操。
(3) 队列准备:教师将幼儿分成6组,并把幼儿带到分组线上进行"吸铁石"游戏。

（二）基本部分

1. 创设情境，导入活动

教师导入游戏环节："有一条小龙想学习跳跃的本领，它的朋友都叫它小神龙。今天，小朋友们就是小神龙，让我们一起学习跳跃的本领吧！"

2. 游戏：小神龙学本领

第一关：幼儿跳过 50 厘米间隔的踩桶

游戏规则：幼儿从起点出发，双脚依次跳过 10 只踩桶后绕过标志桶返回起点，站到自己队伍的后面。每个幼儿出发五次，如图 2-22-1 所示。

游戏示范：教师先做一次示范，指导和帮助个别不敢跳的幼儿。

注意事项：配课教师及时摆好被幼儿弄乱的踩桶。

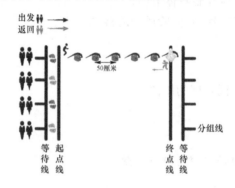

图 2-22-1

第二关：幼儿跳过 40 厘米间隔的踩桶

游戏示范：教师先做一次示范，然后引导幼儿依次出发。

游戏规则：幼儿从起点出发，双脚依次跳过 10 只踩桶，绕过标志桶返回起点，站到自己队伍的后面。每个幼儿出发五组，如图 2-22-2 所示。

注意事项：同第一关。

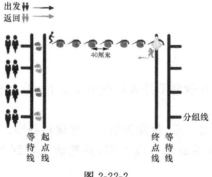

图 2-22-2

第三关:幼儿跳过 30 厘米间隔的踩桶

游戏规则:幼儿从起点出发,双脚依次跳过 10 只踩桶,绕过标志桶返回起点,站到自己队伍的后面。每个幼儿出发五组,如图 2-22-3 所示。

游戏示范:教师示范动作,及时指导动作掌握得不是很好的幼儿。

注意事项:同第二关。

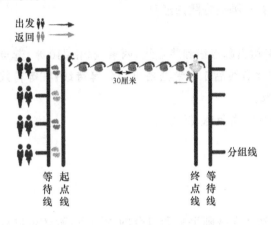

图 2-22-3

(三)结束部分

(1)活动小结:教师带领幼儿一起回顾掌握的新技能,即能双脚连续跳过不同宽度的距离,简单总结活动情况。

(2)放松活动:组织幼儿找到一个好朋友面对面、手拉手,教师播放放松操音乐,教师和幼儿一起跳放松操。

(3)整理器械:教师和幼儿一起整理器械。

第二十三节 骑士投手

一、活动目标

(1)练习双腿夹物行进跳,能肩上投掷一定距离。
(2)增强上肢和下肢力量和身体协调能力。
(3)愿意参加体育游戏活动,体验运动所带来的乐趣。

二、活动重点

练习双腿夹物行进跳,能肩上投掷一定距离。

三、活动难点

双腿夹物绕障碍物跳时能很好地控制身体节奏。

四、活动准备

（1）经验准备：有双脚夹物跳的经验。

（2）物质准备。

① 场地：用胶带贴出起点线和终点线，两条线相距10米，起点线和终点线各长8米；分别在起点线和终点线后1.2米处贴出一条等待线；在等待线后贴出分组线，分组线之间相距1.2米。

② 器械：泡沫面条、鳄鱼球、标志桶。

五、活动过程

（一）开始部分

（1）队列练习：幼儿在教师手势和口令的指引下，听音乐进行队列练习，并站好体操队形。

（2）热身操：播放热身音乐，教师和幼儿一起跳热身操。

（3）队列准备：通过分组游戏"马兰花"将幼儿分成6～8组，将每组幼儿带到分组线上排队。

（二）基本部分

1. 创设情境，导入活动

教师导入游戏环节："在遥远的中世纪有很多的骑士，他们都是正义的战士，锄强扶弱，守护正义。今天，小朋友们都是小骑士，但是你们要通过真正的训练才能成为真正的骑士。"

2. 游戏：骑士投手

第一关：幼儿骑着泡沫面条跳到终点再跳回来

游戏规则：教师给每组幼儿发放一根泡沫面条，第一个幼儿骑在泡沫面条上面，双脚跳到终点再跳回来传给下一个幼儿，自己站到队尾。每个幼儿出发三次，如图2-23-1所示。

游戏示范：教师先做一次示范，然后带着不爱动的幼儿一起游戏。

注意事项：幼儿跳跃前进时，避免因踩到泡沫面条而摔倒。

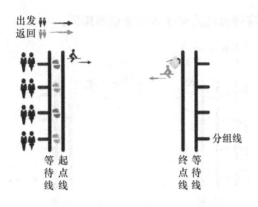

图 2-23-1

第二关：幼儿骑着泡沫面条，右手拿着鳄鱼球跳到终点投出去，并捡球返回

游戏规则：师："刚才小骑士们都非常棒，现在我们要练习骑马投弹。"幼儿骑在泡沫面条上面，左手抓住泡沫面条，右手拿着鳄鱼球并将其高高举起来，双脚跳到终点，"下马"将鳄鱼球投掷出去（单手肩上投），然后一只手捡起鳄鱼球，另一只手拿着泡沫面条跑回起点，传给下一个幼儿，自己站到队尾。每个幼儿进行六次，如图 2-23-2 所示。

游戏示范：教师先做一次示范，并注意幼儿的投掷动作，及时给予纠正。

注意事项：捡球时，教师应避免幼儿拥挤、相撞。

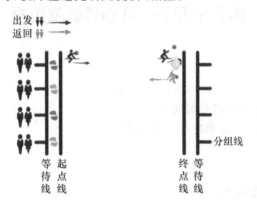

图 2-23-2

第三关：在小骑士去往的路上摆放标志桶，玩法同第二关

游戏规则：教师在小骑士去往的路上摆放标志桶，每条跑道摆放四个，每个间距 2 米。玩法同第二关，如图 2-23-3 所示。

游戏示范：教师先做一次示范，然后幼儿开始游戏。

注意事项：教师应避免幼儿因绊到标志桶而摔倒。

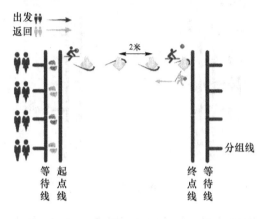

图 2-23-3

（三）结束部分

（1）活动小结：教师带领幼儿一起回顾掌握的新技能，即练习双腿夹物行进跳，能肩上投掷一定距离，简单总结活动情况。

（2）放松活动：组织幼儿找到一个好朋友面对面、手拉手，教师播放放松操音乐，教师和幼儿一起跳放松操。

（3）整理器械：教师和幼儿一起整理器械。

第二十四节　开心青蛙发电报

一、活动目标

（1）双脚连续跳时能很好地控制身体节奏。

（2）提高身体协调性和平衡能力。

（3）遵守游戏规则，体验游戏带来的乐趣。

二、活动重点

掌握双脚连续跳的动作要领。

三、活动难点

连续跳时双腿持续不分开。

四、活动准备

（1）经验准备：有双脚连续跳的经验。

（2）物质准备。

① 场地：用胶带贴出起点线和终点线，两条线相距 10 米，起点线和终点线各长 8 米；分别在起点线和终点线后 1.2 米处贴出一条等待线；在等待线上贴出分组线，分组线之间相距 1.2 米。

② 器械：吱吱鞋 8 个，太空梯 8 条。

五、活动过程

(一) 开始部分

(1) 队列练习：幼儿在教师手势和口令的指引下，听音乐进行队列练习，并站好体操队形。

(2) 热身操：播放热身音乐，教师和幼儿一起跳热身操。

(3) 队列准备：通过分组游戏"荷花荷花"将幼儿分成 8 组，把幼儿分别带到每条太空梯的入口处。

(二) 基本部分

1. 创设情境，导入活动

教师导入游戏环节："今天，小朋友们要变成小青蛙，吃饱饭了要去帮助妈妈发电报，中间的老师就是电报机。"

2. 游戏：开心青蛙发电报

第一关：幼儿从太空梯上双脚连续跳完成发电报

游戏规则：幼儿从太空梯上双脚连续跳到教师(电报机)面前，和教师击掌就是完成发电报，然后返回找到自己的家，让下一个幼儿过来。每个幼儿发五次电报，如图 2-24-1 所示。

游戏示范：教师先做一次示范，并指导和帮助个别跳跃能力薄弱的幼儿。

注意事项：配课教师及时拉直太空梯，避免幼儿被绊倒。

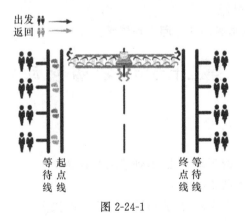

图 2-24-1

第二关:幼儿站在吱吱鞋上面跳着去发电报

游戏规则:每组第一个幼儿站在吱吱鞋上面,双手抓住吱吱鞋的把手,一边向上拽,一边跳起来,跳到中间和教师(发报机)击掌,然后跳回起点传给下一个幼儿。每个幼儿出发三次,如图 2-24-2 所示。

游戏示范:教师先做一次示范,指导不会用吱吱鞋跳的幼儿。

注意事项:在吱吱鞋跳时,幼儿双脚并拢站在吱吱鞋上,身体站直,双手把皮筋拉直,向前上方跳。有的幼儿控制身体平衡的能力较弱,教师应及时纠正和鼓励。

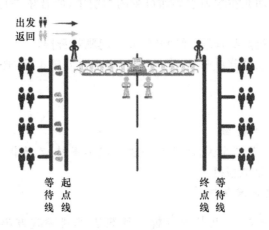

图 2-24-2

(三)结束部分

(1)活动小结:教师带领幼儿一起回顾掌握的新技能,即双脚连续跳时能很好地控制身体节奏,简单总结活动情况。

(2)放松活动:组织幼儿找到一个好朋友面对面、手拉手,教师播放放松操音乐,教师和幼儿一起跳放松操。

(3)整理器械:教师和幼儿一起整理器械。

第二十五节　套圈移动

一、活动目标

(1)掌握立定跳远的正确方法,做到落地时轻稳。

(2)增强腰腹及下肢肌肉力量。

(3)愿意参与合作性游戏,体验协同完成任务的快乐。

二、活动重点

掌握立定跳远的正确方法,做到落地时轻稳。

三、活动难点

起跳时能做到蹬腿和摆臂协调一致,落地轻稳。

四、活动准备

(1) 经验准备:有立定跳远的经验。

(2) 物质准备。

① 场地:用胶带贴出起点线和终点线,两条线相距 10 米,起点线和终点线各长 8 米;分别在起点线和终点线后 1.2 米处贴出一条等待线;在等待线上贴出分组线,分组线之间相距 1.2 米。

② 器械:泡沫面条、连接器、标志桶。

五、活动过程

(一) 开始部分

(1) 队列练习:幼儿在教师手势和口令的指引下,听音乐进行队列练习,并站好体操队形。

(2) 热身操:播放热身音乐,教师和幼儿一起跳热身操。

(3) 队列准备:通过分组游戏"马兰花"将幼儿分为 6~8 组,将每组幼儿带到分组线上排队。

(二) 基本部分

1. 创设情境,导入活动

教师导入游戏环节:"今天的游戏很有趣,因为你要变成圈中人了,我会给小朋友们一个套圈,你们要在圈中进行移动。"

2. 游戏:套圈移动

第一关:一个幼儿拿着两个圆圈出发

游戏规则:教师给每组幼儿两个圆圈,一个幼儿出发,每次双脚都要在圈里(也就是幼儿拿圆圈时要让圆圈从头经过腰腹再到脚底,幼儿从脚底拿出圆圈放到前面,然后跳到圆圈中,如图 2-25-1 所示)。移动跳到终点后,幼儿将圆圈挂在两臂跑回起点,将两个圆圈传给下一个幼儿,自己站到队尾。每个幼儿出发三次,如图 2-25-2 所示。

游戏示范：教师先做一次示范,然后引导幼儿出发。

注意事项：教师引导幼儿让圆圈从头经过腰腹再从脚底拿出,放到前面后跳到圆圈中(教师要强调是跳进圆圈中的)。

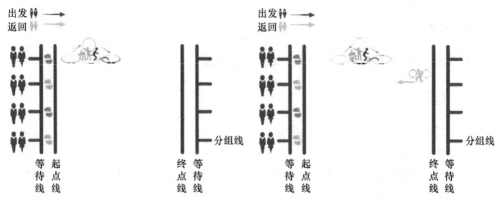

图 2-25-1　　　　　　　　　　　　　　图 2-25-2

第二关：一个幼儿拿着三个圆圈出发

游戏规则：师："这样的圈中人,我觉得太简单了。"现在给每组幼儿增加一个圆圈,也就是一个幼儿拿着三个圆圈出发,如图 2-25-3 所示。幼儿到终点后把圆圈挂在两臂上跑回到起点,下一个幼儿出发。每个幼儿出发三次,如图 2-25-4 所示。

游戏示范：教师先做一次示范,然后引导幼儿出发。

注意事项：幼儿习惯了拿着两个圆圈出发,增加一个圆圈后,幼儿可能会因混乱而漏掉一个圆圈,教师要及时用语言提示。另外,在游戏时,同样需要幼儿把圆圈从头经过腰腹再从脚底拿出,这样很锻炼幼儿的逻辑思维能力。

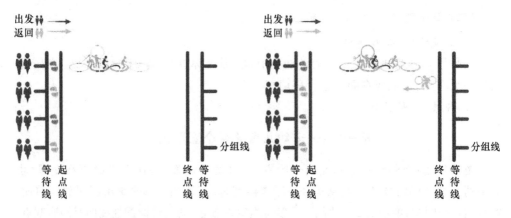

图 2-25-3　　　　　　　　　　　　　　图 2-25-4

第三关:两个幼儿拿着三个圆圈出发

游戏规则:师:"一个人出发太孤单了,我们可以邀请一个好朋友一起出发。"如图 2-25-5 所示。两个人一起出发,穿梭在三个圆圈里,注意两个幼儿不能同时在一个圆圈里。到终点后,前面的幼儿拿两个圆圈,后面的幼儿拿一个圆圈,一起跑回起点。每组幼儿出发三次,如图 2-25-6 所示。

游戏示范:教师先请一组幼儿做一次示范,然后引导幼儿出发。

注意事项:前面的幼儿可能会忘记后面的队友,自己向前走,教师应及时用语言提醒。

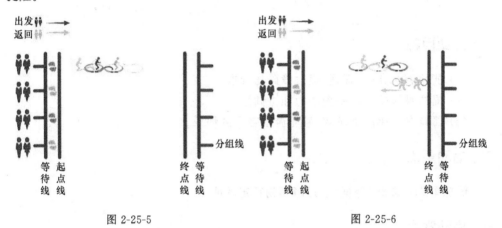

图 2-25-5　　　　　　　　　　　　图 2-25-6

第四关:两个幼儿拿着四个圆圈出发

游戏规则:师:"接下来,我要再增加一个圆圈,两个人拿着四个圆圈出发。"如图 2-25-7 所示。每组幼儿出发一次,如图 2-25-8 所示。

游戏示范:教师先请一组幼儿做一次示范,然后引导幼儿出发。

注意事项:游戏时,幼儿可能会丢掉一个圆圈,教师要及时用语言提醒。

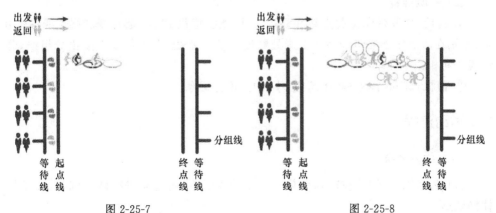

图 2-25-7　　　　　　　　　　　　图 2-25-8

(三) 结束部分

(1) 活动小结:教师带领幼儿一起回顾掌握的新技能,即起跳时能做到蹬腿和摆臂协调一致,落地轻稳,并简单总结活动情况。

(2) 放松活动:组织幼儿找到一个好朋友面对面、手拉手,教师播放放松操音乐,教师和幼儿一起跳放松操。

(3) 整理器械:教师和幼儿一起整理器械。

第二十六节 太空漫步

一、活动目标

(1) 能单脚踩高跷(踩桶)迈过障碍物行走。
(2) 提高身体的动态平衡能力和协调性。
(3) 愿意参与挑战类游戏,感受游戏带来的快乐。

二、活动重点

锻炼单脚踩高跷(踩桶)迈过障碍物行走的能力。

三、活动难点

跨过障碍物时要站稳把脚抬高。

四、活动准备

(1) 经验准备:有踩高跷(踩桶)的游戏经验。
(2) 物质准备。
① 场地:用胶带贴出起点线和终点线,两条线相距 10 米,起点线和终点线各长 8 米;分别在起点线和终点线后 1.2 米处贴出一条等待线;在等待线上贴出分组线,分组线之间相距 1.2 米。
② 器械:踩桶、标志桶、小跨栏(小、中)、泡沫面条。

五、活动过程

(一) 开始部分

(1) 队列练习:幼儿在教师手势和口令的指引下,听音乐进行队列练习,并站好体操队形。

(2) 热身操:播放热身音乐,教师和幼儿一起跳热身操。
(3) 队列准备:通过分组游戏"吸铁石"将幼儿分成 6～8 组,将每组幼儿带到分组线上排队。

(二) 基本部分

1. 创设情境,导入活动

教师导入游戏环节:"在今天的游戏中,大家会变成闪电飞侠,勇敢闯过各个难关吧!"

2. 游戏:太空漫步

第一关:单脚踩高跷(踩桶)通过平衡木

游戏规则:师:"勇敢的小朋友们要开始太空漫步了。"教师给每组幼儿发一个高跷(踩桶),第一个出发的幼儿拿着高跷(踩桶)跑到平衡木前,右脚踩在高跷(踩桶)上面,左脚踩在平衡木上,一直走到终点,摸一下标志桶,然后拿着高跷(踩桶)跑回起点,交给下一个幼儿,自己站到队尾。幼儿依次出发,每个幼儿出发六次,如图 2-26-1 所示。

游戏示范:教师先做一次示范,然后引导幼儿依次出发。

注意事项:当出发次数是单数时,幼儿用右脚出发;当出发次数是双数时,幼儿用左脚出发。

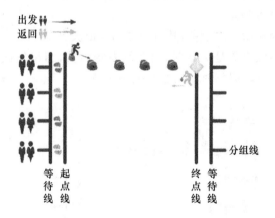

图 2-26-1

第二关:单脚踩高跷(踩桶)跨过平衡木上的障碍物

游戏规则:教师在平衡木上面摆放小跨栏,每个平衡木上摆放两个,每个小跨栏间隔 3 米。游戏规则同第一关,幼儿走到跨栏处要跨过去,每个幼儿出发四次,如图 2-26-2 所示。

游戏示范：教师先做一次示范，然后引导幼儿依次出发。

注意事项：当出发次数是单数时，幼儿用右脚出发；当出发次数是双数时，幼儿用左脚出发；幼儿跨过跨栏时要站稳并把脚抬高。

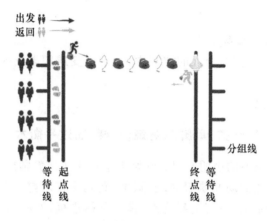

图 2-26-2

第三关：单脚踩高跷（踩桶）跨过左右脚障碍物

游戏规则：教师在每组幼儿前面摆放两根泡沫面条，泡沫面条要与跨栏的位置错开，使幼儿左右脚都受到影响。游戏规则同第二关，幼儿要跨过障碍物，每个幼儿出发两次，如图 2-26-3 所示。

游戏示范：教师先做一次示范，然后引导幼儿依次出发。

注意事项：当出发次数是单数时，幼儿用右脚出发；当出发次数是双数时，幼儿用左脚出发；幼儿跨过障碍物时要站稳并把脚抬高。

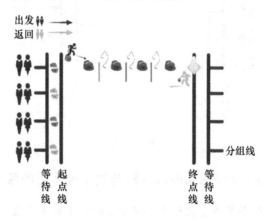

图 2-26-3

(三) 结束部分

(1) 活动小结：教师带领幼儿一起回顾掌握的新技能，即单脚踩高跷（踩桶）行走的动作要领，简单总结活动情况。

(2) 放松活动：组织幼儿找到一个好朋友面对面、手拉手，教师播放放松操音乐，教师和幼儿一起跳放松操。

(3) 整理器械：教师和幼儿一起整理器械。

第二十七节　奔跑吧，兄弟

一、活动目标

(1) 能双人持物协同快跑。

(2) 增强腿部力量和提高身体协调性。

(3) 愿意参与竞争类游戏，感受成功的喜悦。

二、活动重点

掌握双人持物协同快跑的动作要领。

三、活动难点

在双人协同跑时能保持步调一致。

四、活动准备

(1) 经验准备：有双人协同跑的经验。

(2) 物质准备。

① 场地：用胶带贴出起点线和终点线，两条线相距10米，起点线和终点线各长8米；分别在起点线和终点线后1.2米处贴出一条等待线；在等待线上贴出分组线，分组线之间相距1.2米。

② 器械：泡沫面条、太空梯、标志桶。

五、活动过程

（一）开始环节

(1) 队列练习：幼儿在教师手势和口令的指引下，听音乐进行队列练习，并站好体操队形。

（2）热身操：播放热身音乐，教师和幼儿一起跳热身操。

（3）队列准备：通过分组游戏"数字游戏"将幼儿分为6~8组，将每组幼儿带到分组线上排队。

（二）基本部分

1. 创设情境，导入活动

教师导入游戏环节："今天的游戏叫《奔跑吧，兄弟！》，大家要和自己的兄弟一起去完成。"

2. 游戏：奔跑吧，兄弟！

第一关：双脚连续跳过太空梯，喊好朋友出发

游戏规则：师："小朋友们自己跑到中间的太空梯处，双脚跳过太空梯，然后大声喊：'身后的小朋友，你过来吧！'"等好朋友过来后，自己跑到终点，过来的好朋友跳过太空梯后继续喊下一名幼儿。依次进行，所有的幼儿都要跑到终点，然后返回。每组幼儿往返四次，如图 2-27-1 所示。

游戏示范：教师和一组幼儿一起做一次示范，然后引导所有幼儿一起出发。

注意事项：幼儿跳过太空梯喊下一名幼儿，然后跑到终点等待。

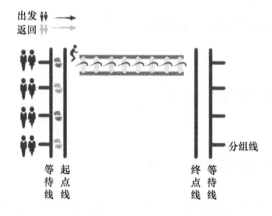

图 2-27-1

第二关：兄弟两人牵引走

游戏规则：教师拿一根泡沫面条，找到一名幼儿，把泡面变成 U 形套在前面幼儿的肚子上。教师拉住泡沫面条两端，一名幼儿在前面走，教师在后面稍稍加力往后拽，这样走到终点。下一组幼儿出发。两人领一根泡沫面条，开始游戏，往返时，两人交换位置。每组幼儿往返三次，如图 2-27-2 所示。

游戏示范：教师请一位幼儿和自己出发。

注意事项：前面的幼儿不能跑太快，后面的幼儿要抓紧，不能松手，以免摔倒。

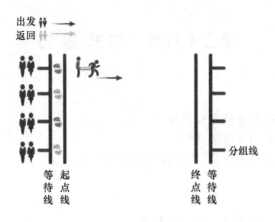

图 2-27-2

第三关：两人夹三根泡沫面条出发

游戏规则：教师给每组幼儿（两人）发三根泡沫面条，幼儿先用膝盖夹住一根泡沫面条，然后用两只手臂夹着两根泡沫面条，两人同时跳到终点后大声喊下一组幼儿出发。每组幼儿往返三次，如图 2-27-3 所示。

游戏示范：教师指导两个幼儿进行示范。

注意事项：在游戏中，幼儿间应适当保持距离，避免碰撞。

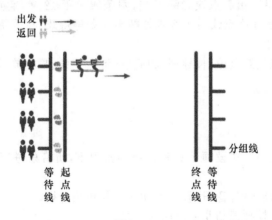

图 2-27-3

（三）结束部分

（1）活动小结：教师带领幼儿一起回顾掌握的新技能，即双人持物协同跑，简单总结活动情况。

（2）放松活动：组织幼儿找到一个好朋友面对面、手拉手，教师播放放松操音乐，教师和幼儿一起跳放松操。

（3）整理器械：教师和幼儿一起整理器械。

第二十八节　花式接力

一、活动目标

(1) 能用多种跳跃技能完成任务。
(2) 提高跳跃时的四肢协调性。
(3) 愿意参与协作类游戏,体验游戏带来的快乐。

二、活动重点

在游戏中运用多种跳跃方式完成任务。

三、活动难点

在接力时,能掌握接力距离,保证接力顺畅。

四、活动准备

(1) 经验准备:有夹物跳、持物跳的经验准备。
(2) 物质准备。
① 场地:用胶带贴出起点线和终点线,两条线相距12米,起点线和终点线各长10米;分别在起点线和终点线后1.2米处贴出一条等待线;在等待线上贴出分组线,分组线之间相距1.2米。
② 器械:六色盘、鳄鱼球、长标杆、圆底座、泡沫面条、吱吱鞋、体操圈。

五、活动过程

(一) 开始部分
(1) 队列练习:幼儿在教师手势和口令的指引下,听音乐进行队列练习,并站好体操队形。
(2) 热身操:播放热身音乐,教师和幼儿一起跳热身操。
(3) 器械摆放:教师把幼儿分成四人一组。

(二) 基本部分
1. 创设情境,导入活动
教师导入游戏环节:"今天的游戏很有意思,叫'花式接力'。"
2. 游戏:花式接力

第一关:幼儿跑着把六色盘运到长标杆上

游戏规则:每组第一个幼儿拿起一个六色盘跑到终点,将六色盘放到长标杆上后返回起点,和下一个幼儿击掌后站到队尾,下一个幼儿出发。直到把所有的六色盘全部运送到对面,如图 2-28-1 所示。

游戏示范:教师先做一次示范,然后带领幼儿进行游戏。

注意事项:幼儿若跑到其他组跑道上,教师应及时阻止,避免幼儿相撞。

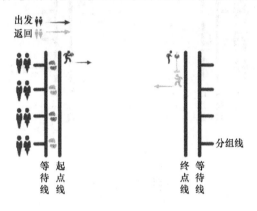

图 2-28-1

第二关:幼儿用骑大马、夹鳄鱼球、吱吱鞋跳的方式运六色盘

游戏规则:教师给每组第一个幼儿发一个泡沫面条。请每组第一个幼儿骑着大马到终点运一个六色盘回来,回来的幼儿把大马传给下一个幼儿,下一个幼儿出发,自己把六色盘放在队伍前面,然后站到对尾,如图 2-28-2 所示。每个幼儿运送一次以后,教师把泡沫面条换成鳄鱼球,幼儿用膝盖夹着鳄鱼球用同样的方式取一个六色盘跳回来,如图 2-28-3 所示。每人完成一次后,教师把鳄鱼球换成吱吱鞋,幼儿踩着吱吱鞋以相同的方式进行游戏,直到所有的六色盘全部被运回起点,如图 2-28-4 所示。

游戏示范:教师先做一次示范,并指导跳得不协调的幼儿。

注意事项:教师注意幼儿出发间隔,指导个别动作做得不好的幼儿,鼓励幼儿挑战自我。

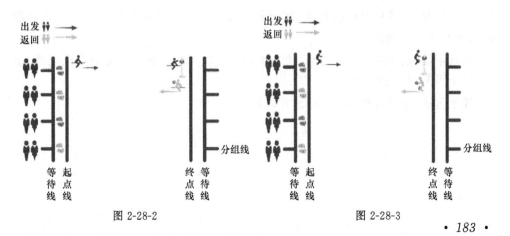

图 2-28-2   图 2-28-3

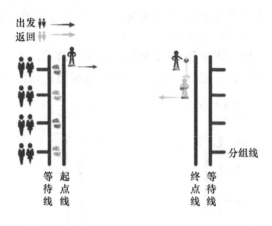

图 2-28-4

第三关:花 式 接 力

游戏规则:教师把标杆移到距离起点 12 米处,起点和终点之间每隔 3 米摆放一个体操圈,分别在第一个体操圈(起点)里摆放泡沫面条,在第二个体操圈里放鳄鱼球,在第三个体操圈放吱吱鞋,第四个体操圈里不放器械。教师请第一个幼儿站在第四个体操圈内,第二个幼儿站在第三个体操圈里,第三个幼儿站在第二个体操圈里,第四个幼儿站在起点的体操圈里。教师请一组幼儿做示范,教师说"出发"时,起点的幼儿拿着一个六色盘,骑着大马把六色盘送给第二个体操圈里的幼儿,然后跳着返回到自己的体操圈里,第二个体操圈里的幼儿拿着六色盘,夹着鳄鱼球把六色盘送给第三个体操圈里的幼儿,然后跳着返回到自己的体操圈里,第三个体操圈里的幼儿拿着六色盘,踩在吱吱鞋上跳着把六色盘送给第四个体操圈里的幼儿,然后跳着返回到自己的体操圈里,第四个体操圈里的幼儿拿到六色盘后迅速跑到终点,并把它放到标志杆中。运送完三个六色盘后,幼儿换位置,交换规则是一到二,二到三,三到四,四到一(器械不换位置),这时幼儿都换了器械,按照上述方式,幼儿再运送三个六色盘,运送后继续换位置,直至每个幼儿用每种器械都运送了三个六色盘为止,如图 2-28-5 所示。

游戏示范:教师先做一次示范,幼儿刚开始玩这个游戏场面可能会有点混乱,玩 1~2 次过后就比较顺畅了。

注意事项:配课教师要及时摆放好体操圈。

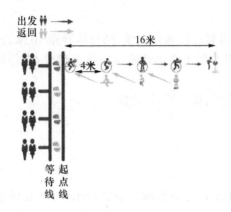

图 2-28-5

(三) 结束部分

(1) 活动小结:教师带领幼儿一起回顾掌握的新技能,即夹物跳、吱吱鞋跳跃等,简单总结活动情况。

(2) 放松活动:组织幼儿找到一个好朋友面对面、手拉手,教师播放放松操音乐,教师和幼儿一起跳放松操。

(3) 整理器械:教师和幼儿一起整理器械。

第二十九节 打保龄球

一、活动目标

(1) 能单手体侧下摆抛球并能很好地控制球的方向。

(2) 增强手臂力量和提高身体协调性。

(3) 乐于参与闯关类游戏,体验成功带来的喜悦。

二、活动重点

掌握单手体侧下摆抛球的动作要领。

三、活动难点

能准确滚球通过跨栏。

四、活动准备

(1) 经验准备:有单手体侧下摆丢沙包的经验。

(2) 物质准备。

① 场地：用胶带贴出起点线和终点线，两条线相距 10 米，起点线和终点线各长 8 米；分别在起点线和终点线后 1.2 米处贴出一条等待线；在等待线后贴出分组线，分组线之间相距 1.2 米。

② 器械：鳄鱼球、跨栏、长标杆、标志桶。

五、活动过程

（一）开始部分

（1）队列练习：幼儿在教师手势和口令的指引下，听音乐进行队列练习，并站好体操队形。

（2）热身操：播放热身音乐，教师和幼儿一起跳热身操。

（3）队列准备：通过分组游戏"长臂猿"将幼儿分为 6~8 组，将每组幼儿带到分组线上排队。

（二）基本部分

1. 创设情境，导入活动

教师导入游戏环节："今天，小朋友们都变成了保龄球高手，让我们一起来打保龄球吧！"

2. 游戏：打保龄球

第一关：轨 道 练 习

游戏规则：今天进行轨道练习。教师在每条跑道里摆放两组长标杆，幼儿在起点用力打保龄球（鳄鱼球），让球滚出去（要使保龄球（鳄鱼球）通过标杆），然后幼儿跑出去追保龄球（鳄鱼球），拿到并抱着跑回来，交给下一个幼儿。每个幼儿完成三次，如图 2-29-1 所示。

游戏示范：教师先做一次示范，然后带着不爱动的幼儿一起游戏。

注意事项：在抱球跑步过程中，幼儿应分散开，避免拥挤、相撞。

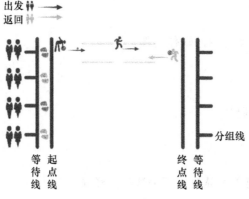

图 2-29-1

第二关：在轨道上摆放一个跨栏(中)，使球从跨栏(中)下穿过

游戏规则：教师把长标杆拿开，在距起点 3 米处摆放一个跨栏(中)。幼儿用同样的动作让鳄鱼球滚过去，然后跨过跨栏(中)，追到鳄鱼球并抱着跑回来，交给下一个幼儿，如图 2-29-2 所示。

游戏示范：教师先做一次示范，然后带着不爱动的幼儿一起游戏。

注意事项：在抱球跑步过程中，幼儿应分散开，避免拥挤、相撞。

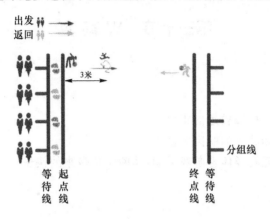

图 2-29-2

第三关：教师在距第一个跨栏(中)2 米处再摆放一个跨栏(高)，使球从下面穿过

游戏规则：教师在距第一个跨栏(中)2 米处再摆放一个跨栏(高)，幼儿这次滚出的鳄鱼球要穿过两个跨栏，然后幼儿从第一个跨栏(中)上面跨过去，绕过第二个跨栏(高)，抱着鳄鱼球跑回来，如图 2-29-3 所示。

游戏示范：教师先做一次示范，然后幼儿开始游戏。

注意事项：教师应避免幼儿因碰到跨栏而摔倒。

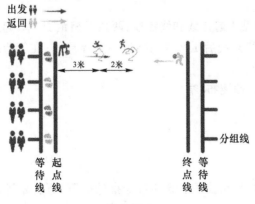

图 2-29-3

(三)结束部分

(1) 活动小结:教师带领幼儿一起回顾掌握的新技能,即单手体侧下摆抛球,简单总结活动情况。

(2) 放松活动:组织幼儿找到一个好朋友面对面、手拉手,教师播放放松操音乐,教师和幼儿一起跳放松操。

(3) 整理器械:教师和幼儿一起整理器械。

第三十节 火 箭 炮

一、活动目标

(1) 能双手头上投掷较远的距离。
(2) 增强上肢和腰腹的肌肉力量。
(3) 愿意参与竞赛类体育游戏活动,体验竞争带来的快乐。

二、活动重点

掌握双手头上投掷的方法。

三、活动难点

用正确的方法进行双手头上投掷。

四、活动准备

(1) 经验准备:有双手抛球的经验。

(2) 物质准备。

① 场地:用胶带贴出起点线和终点线,两条线相距10米,起点线和终点线各长8米;分别在起点线和终点线后1.2米处贴出一条等待线;在等待线后贴出分组线,分组线之间相距1.2米。

② 器械:鳄鱼球、溜溜布(窄)。

五、活动过程

(一)开始部分

(1) 队列练习:幼儿在教师手势和口令指的引下,听音乐进行队列练习,并站好体操队形。

(2) 热身操:播放热身音乐,教师和幼儿一起跳热身操。
(3) 队列准备:通过分组游戏"荷花荷花"将幼儿分为 4~6 组,将每组幼儿带到分组线上排队。

(二) 基本部分

1. 创设情境,导入活动

教师导入游戏环节:"今天,小朋友们要把自己变成一架火箭炮,目标为正前方,将炮弹发射出去。准备好了吗,小炮手们!"

2. 游戏:火箭炮

第一关:双手将炮弹举过头顶,通过腰腹及胳膊发力将炮弹向前方投出,然后捡回来

游戏规则:教师给每组第一个幼儿发一个鳄鱼球。幼儿双手将炮弹举过头顶,通过腰腹及胳膊发力将炮弹向前方投出,然后捡回来,传给下一个幼儿,自己排到队尾。每个幼儿尝试一次,这时教师讲解下火箭炮的发射角度,使幼儿能更好地掌握投掷动作。每个幼儿练习五次,如图 2-30-1 所示。

游戏示范:教师先做一次示范,然后带着不爱动的幼儿一起游戏。

注意事项:教师提醒幼儿注意脚下,避免摔倒;在捡球过程中,幼儿应分散开,避免拥挤、相撞。

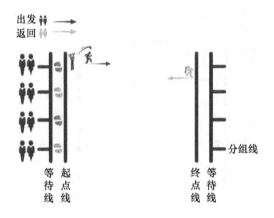

图 2-30-1

第二关:将溜溜布横放在幼儿面前,距离起跑线 3 米,幼儿双手投过去

游戏规则:教师拿住溜溜布窄的部分,请一位配课教师配合,将溜溜布横放在幼儿的面前(距离起跑线 3 米),幼儿依次投掷,每个幼儿投掷五次,如图 2-30-2 所示。

游戏示范:教师先做一次示范,然后带着不爱动的幼儿一起游戏。

注意事项:教师提醒幼儿注意脚下,避免摔倒;在捡球过程中,幼儿应分散开,避免拥挤、相撞。

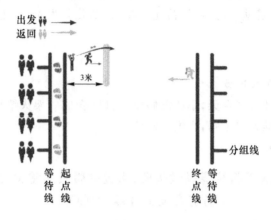

图 2-30-2

第三关：将溜溜布横放在幼儿面前，距离起跑线五米，幼儿双手投过去

游戏规则：溜溜布距离投掷线 5 米。幼儿发射 5 次，如图 2-30-3 所示。

游戏示范：请投掷得好的幼儿分享投掷技巧，并且做投掷表演。

注意事项：教师提醒幼儿注意脚下，避免摔倒；在捡球过程中，幼儿应分散开，避免拥挤、相撞。

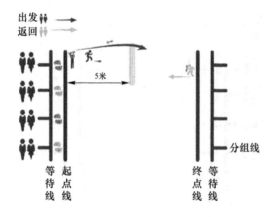

图 2-30-3

（三）结束部分

（1）活动小结：教师带领幼儿一起回顾掌握的新技能，即双手头上投掷的技能，简单总结活动情况。

（2）放松活动：组织幼儿找到一个好朋友面对面、手拉手，教师播放放松操音乐，教师和幼儿一起跳放松操。

（3）整理器械：教师和幼儿一起整理器械。

第三十一节 闪电飞侠

一、活动目标

(1) 能单人双腿夹物行进跳和双人协同夹物行进跳。
(2) 提高双人协同跳时的动作技巧。
(3) 愿意参与合作类游戏,感受共同完成任务的喜悦。

二、活动重点

掌握双腿夹物向前行进跳的动作要领。

三、活动难点

在双人协同跳时能做到频率一致,快速前进。

四、活动准备

(1) 经验准备:有双人协同走或跑的经验。
(2) 物质准备。
① 场地:教师清除场地杂物,消除安全隐患。用胶带贴出起点线和终点线,两条线相距 10 米,起点线和终点线各长 8 米;分别在起点线和终点线后 1.2 米处贴出一条等待线;在等待线上贴出分组线,分组线之间相距 1.2 米。
② 器械:标志杆、圆底座、太空梯(间隔 50 厘米)、鳄鱼球、泡沫面条。

五、活动过程

(一) 开始部分

(1) 队列练习:幼儿在教师手势和口令的指引下,听音乐进行队列练习,并站好体操队形。
(2) 热身操:播放热身音乐,教师和幼儿一起跳热身操。
(3) 队列准备:通过分组游戏"吸铁石"将幼儿分为 6~8 组,将每组幼儿带到分组线上排队。

(二) 基本部分

1. 创设情境,导入活动

教师导入游戏环节:"在今天的游戏中,大家会变成闪电飞侠,勇敢去闯过老师的各个难关吧!"

2. 游戏:闪电飞侠

第一关:闪电飞侠快速跑步闯关

游戏规则:教师站在幼儿面前。师:"闪电飞侠准备好了,下面就是第一关了。"幼儿从起点出发,从太空梯上面跑到标志杆绕着跑回起点后站到队尾,下一个幼儿出发。每个幼儿出发五次,如图 2-31-1 所示。

游戏示范:教师先做一次示范,示范时每次出发都要踩在太空梯格子里,而不要踩到太空梯。

注意事项:幼儿出发时可能会故意踩太空梯,教师应及时提醒幼儿小心被绊倒。

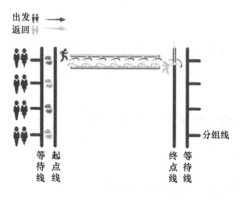

图 2-31-1

第二关:闪电飞侠双腿夹球跳跃出发

游戏规则:教师给每组幼儿发一个鳄鱼球,请幼儿用双腿夹住鳄鱼球跳着到终点,绕过标志物,然后跳着返回起点,把鳄鱼球交给身后的幼儿,自己站到队尾。每个幼儿出发三次,如图 2-31-2 所示。

游戏示范:教师先做一次示范,示范时每次出发都要踩在太空梯格子里,而不要踩到太空梯。

注意事项:跳跃时,幼儿小心因踩到太空梯而滑倒。

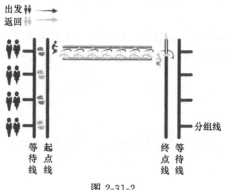

图 2-31-2

第三关：两个幼儿合作骑马出发

游戏规则：教师给每组幼儿发一根泡沫面条，并收回鳄鱼球。幼儿要找到一个好朋友，两个人骑在一根泡沫面条上，同时跳到太空梯的格子里，到终点后再返回起点，把泡沫面条交给下一组幼儿，两人站到队尾。每组幼儿出发三次，如图 2-31-3 所示。

游戏示范：教师先请一组幼儿做示范，示范时让幼儿每次出发都踩在太空梯格子里，而不要踩到太空梯。

注意事项：两个幼儿都要跳到格子里；教师应注意前后幼儿的间距，以防撞倒。

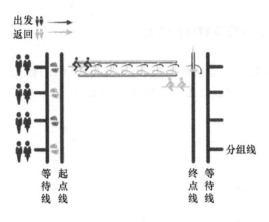

图 2-31-3

（三）结束部分

（1）活动小结：教师带领幼儿一起回顾掌握的新技能，即两人在协同跳时能运用口令控制两人的跳跃速度，简单总结活动情况。

（2）放松活动：组织幼儿找到一个好朋友面对面、手拉手，教师播放放松操音乐，教师和幼儿一起跳放松操。

（3）整理器械：教师和幼儿一起整理器械。

第三十二节　三只小猪盖房子

一、活动目标

（1）能双脚夹物连续跳一段距离。

（2）提高身体的反应速度。

（3）愿意参与合作类游戏，感受合作带来的快乐。

二、活动重点

能双腿夹物跳一段距离。

三、活动难点

双腿夹物跳时身体保持平衡,动作正确。

四、活动准备

(1) 经验准备:有双腿夹物跳的经验。
(2) 物质准备。
① 场地:用胶带贴出起点线和终点线,两条线相距10米,起点线和终点线各长8米;分别在起点线和终点线后1.2米处贴出一条等待线;在等待线后贴出分组线,分组线之间相距1.2米。
② 器械:泡沫面条。

五、活动过程

(一) 开始部分

(1) 队列练习:幼儿在教师手势和口令的指引下,听音乐进行队列练习,并站好体操队形。
(2) 热身操:播放热身音乐,教师和幼儿一起跳热身操。
(3) 器械摆放:通过分组游戏"马兰花"将幼儿分为6~8组,将每组幼儿带到分组线上排队。

(二) 基本部分

1. 创设情境,导入活动

教师导入游戏环节:"今天的游戏是'三只小猪',对了,为了不被老狼抓到,小猪们分别盖了自己的房子。小猪们,加油吧!"

2. 游戏:三只小猪盖房子

第一关:小猪跑到终点拿面条,夹着跳回来

游戏规则:现在,小猪还没有盖房子的材料,让我们去拿材料吧!每组每次一个幼儿出发,跑到终点拿一根泡沫面条,骑在上面跳着回来。每个幼儿都要拿到泡沫面条,如图2-32-1所示。

游戏示范:教师先做一次示范,然后带着不爱动的幼儿一起游戏。

注意事项:在跳跃过程中,幼儿要避免因踩到泡沫面条而摔倒。

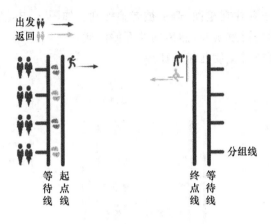

图 2-32-1

第二关：小猪用自己的材料盖房子

游戏规则：现在一个小组就是一个小团队，我们要用手里的泡沫面条给自己盖一所房子。教师引导幼儿分别摆出各种图形当作自己的房子。房子盖好后，教师要表扬幼儿，并且对每一组幼儿的表现进行评价。如图 2-32-2 所示。

游戏示范：教师一定要让幼儿知道自己和谁一组。

注意事项：在盖房子过程中，幼儿应分散开，避免拥挤、相撞。

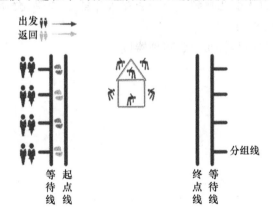

图 2-32-2

第三关：教师给老狼打电话，让老狼来破坏小猪的房子

游戏规则：教师接着带领幼儿把自己的泡沫面条拿起来，夹在双腿之间跳着离开刚才盖房子的地方，如图 2-32-3 所示。教师一边走一边说："等一下，我要给老狼打个电话，当它来的时候，小朋友们要赶快双腿夹着泡沫面条跳到刚才的地方，用自己的泡沫面条盖房子并住在里面,避免被老狼抓到。"如图 2-32-4 所示。

游戏示范:教师先讲解游戏,然后幼儿开始游戏。

注意事项:教师应避免幼儿相互碰撞。

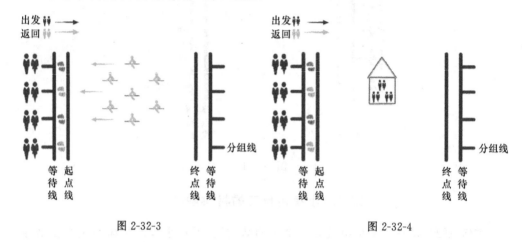

图 2-32-3　　　　　　　　　　　　图 2-32-4

(三) 结束部分

(1) 活动小结:教师带领幼儿一起回顾掌握的新技能,即能双脚夹物快速连续跳,简单总结活动情况。

(2) 放松活动:组织幼儿找到一个好朋友面对面、手拉手,教师播放放松操音乐,教师和幼儿一起跳放松操。

(3) 整理器械:教师和幼儿一起整理器械。

第三章　大班室外体育游戏活动案例

第一节　跑过彩虹桥

一、活动目标

(1) 能连续跨跳障碍物。
(2) 增强腿部力量和肌肉耐力。
(3) 愿意参加体育游戏活动,体验竞争的快乐。

二、活动重点

能连续跨跳障碍物。

三、活动难点

在面对障碍物时能找准起跨点并连续跨跳,且保持身体平衡。

四、活动准备

(1) 经验准备:有连续跨跳障碍物的经验。
(2) 物质准备。
① 场地:用胶带贴出起点线和终点线,两条线相距10米,起点线和终点线各长8米,分别在起点线和终点线后1.2米处贴出一条等待线,在等待线上贴出分组线,分组线之间相距1.2米。
② 器械:泡沫面条、连接器。

五、活动过程

(一) 开始部分

(1) 队列练习:幼儿在教师手势和口令的指引下进行队列入场,并站好体操队形。

(2) 热身操:播放热身音乐,教师和幼儿一起跳热身操。

(3) 队列准备:将幼儿分成6组,分组游戏为"吸铁石"。

(二) 基本部分

1. 创设情境,导入活动

教师导入游戏环节:"今天的游戏有点难,因为只有一条绳索连接着两座山,小朋友要怎样才能到对面去呢?小朋友们,你们准备好了吗?"

2. 游戏:跑过彩虹桥

第一关:幼儿爬行交换

游戏规则:请起点处图形中的幼儿先出发,每组一个幼儿出发,幼儿沿绳索爬行至对面的图形里和相对的幼儿击掌并说:"请你出发!"然后站到队尾。被击掌的幼儿出发,用同样的动作爬行至起点处,交换一个幼儿回来,依次进行,正着爬和倒着爬各一次,如图3-1-1所示。

游戏示范:教师先做一次示范,然后幼儿开始游戏。

注意事项:在爬行过程中,教师提醒幼儿手脚爬的动作要领。

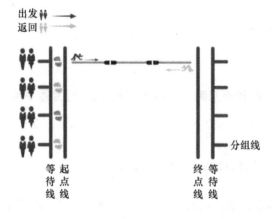

图 3-1-1

第二关:幼儿从桥上跑着前进

游戏规则:师:"经过小朋友们的努力,我们成功地爬过了绳索,感动了彩虹仙子,她用美丽的颜色铺了一条彩虹桥出来,我们这次可以从桥上跑过了。加油!让我们跑得更快些吧!"教师一边说,一边在绳索边多放一根泡沫面条,两根泡沫面条间隔1米,正向跑和倒着跑各一次,如图3-1-2所示。

游戏示范:教师先做一次示范,关注不积极参与游戏的幼儿并鼓励其一起游戏。
注意事项:教师关注完成得不够好的幼儿,并及时鼓励。

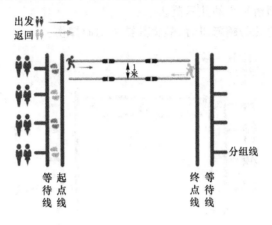

图 3-1-2

第三关:幼儿跨越障碍物交换

游戏规则:师:"大事不好啦!巫师看见了彩虹之桥,很生气!他用魔法在平坦的路上放了很多的障碍物。"教师在每座桥上面横着放三根泡沫面条,每根泡沫面条间隔3.5米。幼儿跑跨过去交换。交换方法同第一关,每组幼儿玩两次,如图3-1-3所示。
游戏示范:教师先做一次示范,然后幼儿开始游戏。
注意事项:当幼儿跨越障碍被绊倒时,教师应及时给予鼓励。

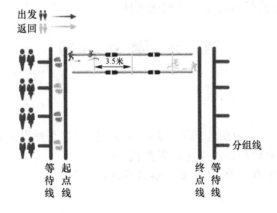

图 3-1-3

第四关:增加障碍物,幼儿双脚连续跨跳过去

游戏规则:师:"这么多的困难,你们都克服了,来给自己鼓鼓掌!可是巫师生气了,他摇头晃脑地继续使用魔法,在桥上增加了更多的障碍物。"教师在每座桥上面

横着放六根泡沫面条,每根泡沫面条间隔1米。幼儿双脚连续跨跳过去。交换方法同第一关,每组幼儿玩两次,如图3-1-4所示。

游戏示范:教师请一个幼儿示范。

注意事项:在幼儿跨越障碍时,避免其被绊倒而摔伤。

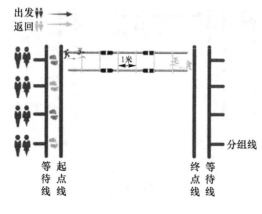

图 3-1-4

(三)结束部分

(1)活动小结:教师带领幼儿一起回顾掌握的新技能,即连续跨跳障碍物,简单总结活动情况。

(2)放松活动:组织幼儿找到一个好朋友面对面、手拉手,教师播放放松操音乐,教师和幼儿一起跳放松操。

(3)整理器械:教师和幼儿一起整理器械。

第二节 弹 跳 小 将

一、活动目标

(1)能双脚连续跳、分腿连续跳,能单、双脚呈"Z"字形跳跃前进。
(2)增强腿部力量和提高身体的灵活性。
(3)愿意参加体育活动,体验竞赛游戏带来的乐趣。

二、活动重点

能单、双脚连续跳跃一定的距离。

三、活动难点

在单、双脚连续跳跃时能很好地控制身体的平衡。

四、活动准备

（1）经验准备：有单、双脚连续跳的经验。

（2）物质准备。

① 场地：用胶带贴出起点线和终点线，两条线相距 10 米，起点线和终点线各长 8 米；分别在起点线和终点线后 1.2 米处贴出一条等待线，在等待线上贴出分组线，分组线之间相距 1.2 米。

② 器械：泡沫面条、标志桶、连接器。

五、活动过程

（一）开始部分

（1）队列练习：幼儿在教师手势和口令的指引下进行队列入场，并站好体操队形。

（2）热身操：播放热身音乐，教师和幼儿一起跳热身操。

（3）队列准备：通过分组游戏"荷花荷花"将幼儿分成 4～6 组，引导幼儿到分组线上排队。

（二）基本部分

1. 创设情境，导入活动

教师导入游戏环节："今天，老师摆出了一个格格屋，小朋友们要在格格屋里做游戏，小心你们的脚，不要碰到格格屋哦！"

2. 游戏：弹跳小将

第一关：幼儿双脚连续跳到终点并返回

游戏规则：幼儿双脚连续跳跳到终点绕过标志桶，然后从格子跑回起点，幼儿依次出发，每个幼儿往返三次，如图 3-2-1 所示。

游戏示范：教师先做一次示范，然后幼儿开始游戏。

注意事项：在跳跃过程中，幼儿应避免因踩到泡沫面条而摔倒。

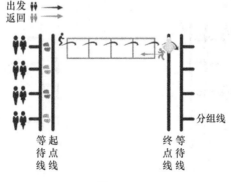

图 3-2-1

第二关:幼儿分腿连续跳跃(正跳、倒跳)

游戏规则:教师把每组横着放的泡沫面条去掉,将平行的泡沫面条间距调至30厘米。幼儿打开腿,脚踩在平行的泡沫面条上,双脚跳跃前进至终点,返回时倒着跳,幼儿依次出发,每个幼儿往返三次,如图3-2-2所示。

游戏示范:教师先做一次示范,然后幼儿开始游戏。

注意事项:教师应避免幼儿被泡沫面条绊倒。

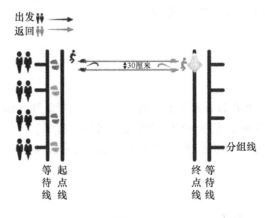

图 3-2-2

第三关:幼儿双脚呈"Z"字形跳跃前进

游戏规则:师:"小朋友们完成了这次任务,快给自己鼓鼓掌,看来我们还得增加游戏的难度。"教师把两根平行泡沫面条合并成一根。幼儿双脚左右跳跃呈"Z"字形行进,到终点后绕过标志桶从右侧跑回起点,每个幼儿往返两次,如图3-2-3所示。

游戏示范:教师先做一次示范,然后幼儿开始游戏。

注意事项:教师应避免幼儿被泡沫面条绊倒。

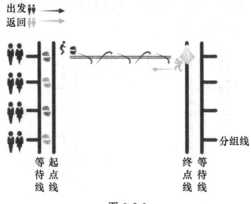

图 3-2-3

第四关：幼儿单脚呈"Z"字形跳跃前进

游戏规则：教师再去掉一根泡沫面条。幼儿单脚左右跳跃呈"Z"字形前进到终点，然后绕过标志桶从右侧跑回起点，每个幼儿往返一次，如图 3-2-4 所示。

游戏示范：请幼儿做一次示范。

注意事项：教师应避免幼儿因踩到泡沫面条而被绊倒。

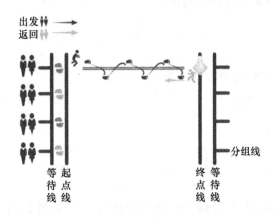

图 3-2-4

（三）结束部分

（1）活动小结：教师带领幼儿一起回顾掌握的新技能，即双脚连续跳、分腿连续跳与单、双脚呈"Z"字形跳跃前进，简单总结活动情况。

（2）放松活动：组织幼儿找到一个好朋友面对面、手拉手，教师播放放松操音乐，教师和幼儿一起跳放松操。

（3）整理器械：教师和幼儿一起整理器械。

第三节　飞碟，去哪了

一、活动目标

（1）掌握胸前抛物的技巧，能将飞盘向指定方向抛出。

（2）提高四肢协调性和运动能力。

（3）愿意参加竞争类游戏，感受游戏带来的快乐。

二、活动重点

掌握胸前抛物的技巧。

三、活动难点

能在胸前将飞盘向指定位置抛出。

四、活动准备

(1) 经验准备:有胸前抛物的经验。
(2) 物质准备:软飞盘。

五、活动过程

(一) 开始部分

(1) 队列练习:幼儿在教师手势和口令的指引下进行队列入场,并站好体操队形。
(2) 热身操:播放热身音乐,教师和幼儿一起跳热身操。
(3) 队列准备:通过分组游戏"数字游戏"将幼儿分成4~6组,将每组幼儿带入运动场地,相向而站。

(二) 基本部分

1. 创设情境,导入活动

教师导入游戏环节:师:"今天,我们玩一个"对战"的游戏,每一个小朋友都是小战士。加油吧,小勇士们!"

2. 游戏:飞碟,去哪了?

第一关:幼儿向对方的场地扔软飞盘

游戏规则:教师先请两组幼儿参加游戏,其他组等待。每个幼儿拿两个软飞盘,当音乐响起时,幼儿用最大的力气把软飞盘扔到对面,两分钟后游戏停止。幼儿数数自己组扔到对面的软飞盘,软飞盘数量多的一方获胜,如图3-3-1所示。

游戏示范:教师先做一次示范,然后幼儿开始游戏。

注意事项:教师提醒幼儿避免发生碰撞。

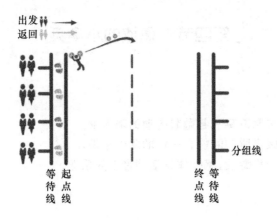

图 3-3-1

第二关:换一组幼儿进行游戏

游戏规则:两组幼儿面对面相互抛软飞盘,在指定时间内,比一比哪一组抛到对方场地的软飞盘多,软飞盘数量多的组获胜,如图 3-3-2 所示。

游戏示范:教师先做一次示范,然后幼儿开始游戏。

注意事项:教师应避免幼儿相撞或绊倒。

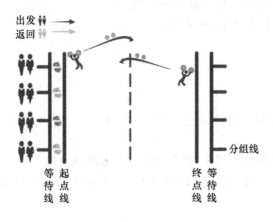

图 3-3-2

(三) 结束部分

(1) 活动小结:教师带领幼儿一起回顾掌握的新技能,即胸前抛物,简单总结活动情况。

(2) 放松活动:组织幼儿找到一个好朋友面对面、手拉手,教师播放放松操音乐,教师和幼儿一起跳放松操。

(3) 整理器械:教师和幼儿一起整理器械。

第四节　勇敢的小伞兵

一、活动目标

(1) 能和同伴按照节奏一起抛起抖动的降落伞。
(2) 在快速弯腰半蹲跑时能有一定的躲闪意识。
(3) 愿意参与合作游戏,感受体育活动带来的乐趣。

二、活动重点

练习快速弯腰半蹲跑。

三、活动难点

在快速弯腰半蹲跑时能躲闪同伴。

四、活动准备

(1) 经验准备:有多人玩彩虹伞的经验。
(2) 物质准备:降落伞(小号彩虹伞)。

五、活动过程

(一) 开始部分

(1) 队列练习:幼儿在教师手势和口令的指引下进行队列入场,并站好体操队形。
(2) 热身操:播放热身音乐,教师和幼儿一起跳热身操。
(3) 队列准备:通过分组游戏"吸铁石"将幼儿分成4组,把幼儿分别带到分组线上。

(二) 基本部分

1. 创设情境,导入活动

教师导入游戏环节:"今天,老师带领你们一起来变一个魔术,你们将会变成一个小魔术师!"

2. 游戏:勇敢的小伞兵

第一关:幼儿先让降落伞飞起来

游戏规则:教师带领幼儿走到降落伞边,每个幼儿找到降落伞边上的拉纽并用右手拉住(如果人多的话,幼儿的手就拉在两个拉纽之间的布上)。听教师的口令:每个幼儿向身后退一步,先把伞撑开(不抖动),然后轻轻地蹲下去。教师接着说:"1、2、3,降落伞飞起来!"幼儿站起来,同时把右胳膊举起来,让降落伞飞起来。(在游戏初期,幼儿很难完成这个动作,进行五次游戏后幼儿会做得很好)教师带领幼儿让降落伞飞起10次,如图3-4-1所示。

注意事项:教师提示幼儿在举起降落伞时尽量将手举高。

图 3-4-1

游戏示范:教师先做一次示范,然后幼儿开始游戏。

第二关:幼儿喊对面的好朋友交换

老师接着说:"让降落伞飞起来,太简单了!下面我们要魔术变人。"

教师示范:找到对面的幼儿,大声喊他的名字:×××!咱俩换!当降落伞飞起时,两个幼儿从伞底下交叉跑过,分别站到对方的位置上,变人成功,如图3-4-2所示。

游戏示范:教师先做一次示范,然后带着不爱动的幼儿一起游戏。
注意事项:教师提醒幼儿在交换过程中避免相撞。

图 3-4-2

第三关:每个幼儿都交换一次

游戏规则:每个幼儿都变换一次,方法同第二关,如图3-4-3所示。
游戏示范:幼儿做一次示范。
注意事项:教师提醒幼儿在交换过程中避免相撞。

图 3-4-3

(三)结束部分

(1)活动小结:教师带领幼儿一起回顾掌握的新技能,即能和同伴按照节奏一起抛起抖动降落伞;幼儿在快速弯腰半蹲跑时能躲闪同伴。教师简单总结活动情况。

(2)放松活动:组织幼儿找到一个好朋友面对面、手拉手,教师播放放松操音乐,教师和幼儿一起跳放松操。

(3)整理器械:教师和幼儿一起整理器械。

第五节 双脚弹球赛

一、活动目标

(1)能双脚夹物向前行进跳,并能将夹在两脚间的球甩进球门。
(2)增强下肢力量和身体协调能力。
(3)愿意尝试挑战,感受游戏带来的成功喜悦。

二、活动重点

练习双脚夹物向前行进跳的动作。

三、活动难点

能将夹在两脚间的球甩进球门。

四、活动准备

(1)经验准备:有双脚连续跳的能力。
(2)物质准备。
① 场地:用胶带贴出起点线和终点线,两条线相距10米,起点线和终点线各长8米;分别在起点线和终点线后1.2米处贴出一条等待线;在等待线上贴出分组线,分组线之间相距1.2米。
② 器械:球门、鳄鱼球、泡沫面条。

五、活动过程

(一)开始部分

(1)队列练习:幼儿在教师手势和口令的指引下进行队列入场,并站好体操队形。

（2）热身操：播放热身音乐，教师和幼儿一起跳热身操。

（3）队列准备：通过分组游戏"马兰花"将幼儿分成4组，引导幼儿到分组线上排队。

（二）基本部分

1. 创设情境，导入活动

教师导入游戏环节："今天，我们要玩弹球的游戏，可是我们的球太大，用手很难完成，只能用脚来完成游戏。"

2. 游戏：双脚弹球赛

第一关：幼儿双脚夹物连续跳至终点，然后跑回

游戏规则：幼儿用双脚夹住鳄鱼球，双脚连续跳至球门前，然后轻轻地跳起来把鳄鱼球甩出去（双脚夹紧鳄鱼球跳起后，双脚用力向前甩），让鳄鱼球从门里滚过，然后去捡鳄鱼球跑回起点，把鳄鱼球传给下一个幼儿，自己站到队尾。幼儿依次出发，每个幼儿完成两次，如图3-5-1所示。

游戏示范：教师先做一次示范，然后幼儿开始游戏。

注意事项：教师提醒幼儿跑回起点，避免发生碰撞。

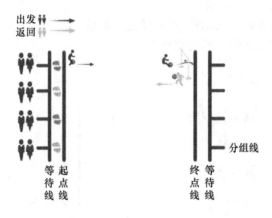

图 3-5-1

第二关：增加障碍物，幼儿夹物跳过去

游戏规则：师："这样都可以完成，太棒了！快给自己鼓鼓掌！不过，这样也太简单了吧？教师要在平平的路上摆上障碍物，看谁还能跳过去。"教师在每条跑道摆放5根泡沫面条，每根泡沫面条间隔2米。幼儿出发，跳法同第一关，每个幼儿出发三次，如图3-5-2所示。

游戏示范：教师先做一次示范，然后带着不爱动的幼儿一起游戏。
注意事项：教师提醒幼儿避免被障碍物绊倒。

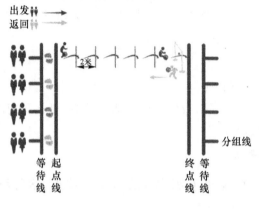

图 3-5-2

第三关：幼儿用泡沫面条赶着球前进，然后射门

游戏规则：教师捡起场地的泡沫面条，给每组的第一个幼儿发一根，该幼儿用泡沫面条赶着鳄鱼球到终点，大力射门。然后幼儿去捡球，抱着球骑在泡沫面条上面跳着回来，把球和泡沫面条交给下一个幼儿，自己站到队尾。下一个幼儿出发，每个幼儿出发三次，如图 3-5-3 所示。

游戏示范：教师先做一次示范，然后幼儿开始游戏。
注意事项：教师提醒幼儿避免被绊倒。

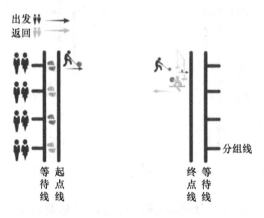

图 3-5-3

第四关：幼儿从球门下钻过

游戏规则：每个幼儿跑到终点，然后钻过球门跑回起点，每个幼儿一次，如图 3-5-4 所示。

游戏示范：请一个幼儿示范，然后开始游戏。
注意事项：在钻爬过程中，教师应避免幼儿头部着地。

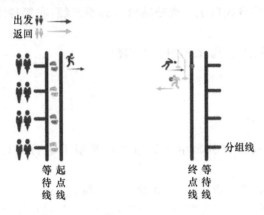

图 3-5-4

（三）结束部分

（1）活动小结：教师带领幼儿一起回顾掌握的新技能，即能双脚夹物向前行进跳，并能将夹在两脚间的球甩进球门。教师简单总结活动情况。

（2）放松活动：组织幼儿找到一个好朋友面对面、手拉手，教师播放放松操音乐，教师和幼儿一起跳放松操。

（3）整理器械：教师和幼儿一起整理器械。

第六节 超级快递

一、活动目标

（1）练习双腿夹物向前行进跳、单腿向前行进跳、双腿左右向前行进跳。
（2）增强下肢力量和肌肉耐力。
（3）愿意尝试挑战，感受体育游戏的乐趣。

二、活动重点

练习单腿向前行进跳、双腿左右向前行进跳。

三、活动难点

掌握单腿向前行进跳、双腿左右向前行进跳的正确动作。

四、活动准备

（1）经验准备：有单、双脚向前行进跳的能力。

(2) 物质准备。

① 场地:用胶带贴出起点线和终点线,两条线相距10米,起点线和终点线各长8米;分别在起点线和终点线后1.2米处贴出一条等待线;在等待线上贴出分组线,分组线相距1.2米。

② 器械:太空梯、六色盘、长标杆、圆底座。

五、活动过程

(一) 开始部分

(1) 队列练习:幼儿在教师手势和口令的指引下进行队列入场,并站好体操队形。

(2) 热身操:播放热身音乐,教师和幼儿一起跳热身操。

(3) 队列准备:通过分组游戏"马兰花"将幼儿分成4组,把每组幼儿带到起点线上站好。

(二) 基本部分

1. 创设情境,导入活动

教师导入游戏环节:"今天,小朋友们要帮助老师把六色盘送到对面的标志杆上。"

2. 游戏:超级快递

第一关:双脚跳送六色盘

游戏规则:师:"小朋友们要想把六色盘送过去,就要经过一条超级快递的通道,比一比哪组小朋友能以最快的速度完成任务。"幼儿在起点拿一个六色盘并用膝盖夹住,双脚跳过每一个格子,跳到终点把六色盘放到标志杆上面,然后从太空梯的右边跑回起点,站到队尾。每个幼儿出发三次,如图3-6-1所示。

游戏示范:教师先示范踮脚尖放好六色盘,然后引导幼儿依次出发。

注意事项:幼儿听教师口令,一组接着一组出发,避免相撞。

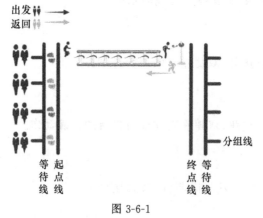

图 3-6-1

第二关:单脚怪

游戏规则:师:"双腿跳太简单了,请你们用一条腿前进,拿出你们最快的速度吧!"幼儿还是用膝盖夹着六色盘,但是要抬起一条腿,用单脚跳跃前进,幼儿单脚跳至终点,把六色盘套到标志杆上面,从太空梯右侧跑回起点,站到队尾。下一个幼儿听到教师的口令后再出发。每个幼儿出发三次,如图 3-6-2 所示。

游戏示范:教师先示范踮脚尖放好六色盘,然后引导幼儿依次出发。

注意事项:幼儿听教师口令,一组接着一组出发,避免相撞。

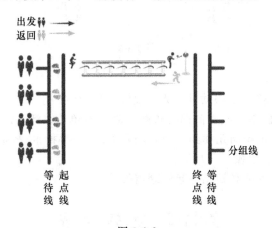

图 3-6-2

第三关:里面、外面

游戏规则:师:"小朋友们给自己鼓鼓掌,因为你们的腿不仅速度快,而且力量也非常大。接下来我们来做花式跳跃!"幼儿手拿一个六色盘,双腿打开与肩同宽,跳跃前进,一只脚落在太空梯的格子里,另一只脚落在外面,呈 Z 字形前进。出发时,幼儿左脚在格子里面,右脚在外面,然后跳至下一个格子时变成右脚在格子里面,左脚在外面,这样交替前进。幼儿到终点把六色盘放到标志杆上,从太空梯右侧跑回起点站到队尾,每个幼儿出发四次,如图 3-6-3 所示。

游戏示范:教师先示范双脚分开左右跳(不要踩到太空梯),然后引导幼儿依次出发。

注意事项:幼儿听教师口令,一组接着一组出发,避免相撞。

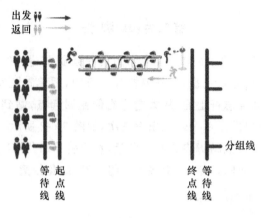

图 3-6-3

(三) 结束部分

(1) 活动小结:教师带领幼儿一起回顾掌握的新技能,即能双腿夹物向前行进跳、单腿向前行进跳、双腿左右向前行进跳。教师简单总结活动情况。

(2) 放松活动:组织幼儿找到一个好朋友面对面、手拉手,教师播放放松操音乐,教师和幼儿一起跳放松操。

(3) 整理器械:教师和幼儿一起整理器械。

第七节 炸 弹 小 子

一、活动目标

(1) 能将较轻的物体利用单手肩上投的动作投出较远的距离。
(2) 增强上肢和腰腹肌肉力量。
(3) 能遵守游戏规则,完成不同关卡的任务。

二、活动重点

练习肩上投掷较轻的物体。

三、活动难点

能将较轻的物体投出较远的距离。

四、活动准备

(1) 经验准备:会网球掷远。
(2) 物质准备。

① 场地：用胶带贴出起点线和终点线，两条线相距 10 米，起点线和终点线各长 8 米；分别在起点线和终点线后 1.2 米处贴出一条等待线；在等待线上贴出分组线，分组线之间相距 1.2 米。
② 器械：火箭、泡沫面条、连接器、太空梯。

五、活动过程

（一）开始部分

（1）队列练习：幼儿在教师手势和口令的指引下进行队列入场，并站好体操队形。

（2）热身操：播放热身音乐，教师和幼儿一起跳热身操。

（3）队列准备：通过分组游戏"马兰花"将幼儿分成 4 组，把每组幼儿带到起点线上站好。

（二）基本部分

1. 创设情境，导入活动

教师导入游戏环节："今天，小朋友们都变成了无所不能的炸弹小子，任务就是要让我们的火箭飞起来，要飞得远一些！"

2. 游戏：炸弹小子

第一关：新 兵 练 习

游戏规则：主课教师给每组幼儿发一个火箭，然后请两位配课教师把太空梯撑开，挡在炸弹小子的前面 2 米处（太空梯紧贴地面）。幼儿站在起点线上将火箭发射出去，越过太空梯。然后幼儿将火箭捡回来交给下一个幼儿，自己站到队尾。每个幼儿投掷三次，如图 3-7-1 所示。

游戏示范：教师先做一次示范，然后引导幼儿依次出发。

注意事项：幼儿听教师口令，一组接着一组出发，避免相撞。

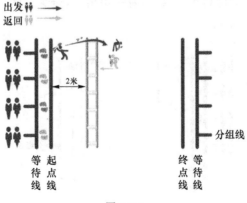

图 3-7-1

第二关:摩托炸弹小子

游戏规则:教师将太空梯放到离起点 6 米的地方,然后给出发的幼儿发一根泡沫面条当作摩托车,同时用连接器接出一根长长的泡沫面条,放在距起点 3 米的地方当作投掷线。师:"刚才,'炮弹'成功地飞过了太空梯,快给自己鼓鼓掌!这次我们要骑着摩托车去发射炮弹了。"幼儿骑着摩托车高举大炮弹,跳至投掷线处把"炮弹"投掷出去使其越过太空梯,然后幼儿将"炮弹"捡起骑着摩托车返回起点,将"炮弹"和泡沫面条传给下一个幼儿,自己站到队尾。每个幼儿出发三次,如图 3-7-2 所示。

游戏示范:教师先做一次示范,然后引导幼儿依次出发。

注意事项:幼儿听教师口令,一组接着一组出发,避免相撞。

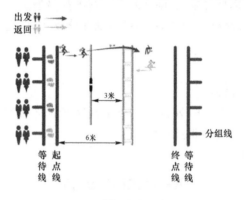

图 3-7-2

第三关:发射"炮弹"攻击目标

游戏规则:教师将太空梯移到终点,投掷线距起点 3 米,请幼儿骑着摩托车去投掷"炮弹"。每个幼儿出发三次,如图 3-7-3 所示。

游戏示范:教师先做一次示范,然后引导幼儿依次出发。

注意事项:幼儿听教师口令,一组接着一组出发,避免相撞。

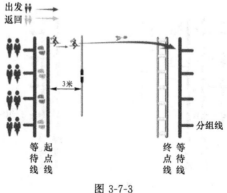

图 3-7-3

(三) 结束部分

(1) 活动小结:教师带领幼儿一起回顾掌握的新技能,即能将较轻的物体利用单手肩上投的动作投出较远的距离。教师简单总结活动情况。

(2) 放松活动:组织幼儿找到一个好朋友面对面、手拉手,教师播放放松操音乐,教师和幼儿一起跳放松操。

(3) 整理器械:教师和幼儿一起整理器械。

第八节 蜘 蛛 勇 士

一、活动目标

(1) 能手脚着地快速仰面爬。
(2) 提高身体的平衡能力。
(3) 懂得团结协作,感受合作游戏带来的快乐。

二、活动重点

练习手脚着地快速仰面爬的动作。

三、活动难点

在手脚着地快速仰面爬时能使身上的沙包保持平稳不掉落。

四、活动准备

(1) 经验准备:有手脚着地仰面爬的经验。
(2) 物质准备。
① 场地:用胶带贴出起点线和终点线,两条线相距10米,起点线和终点线各长8米;在距起点线1.2米处贴一条等待线,在等待线上贴分组线,分组线间距1.2米。
② 器械:软飞盘、沙包、圆圈。

五、活动过程

(一) 开始部分

(1) 队列练习:幼儿在教师手势和口令的指引下进行队列入场,并站好体操队形。
(2) 热身操:播放热身音乐,教师和幼儿一起跳热身操。

（3）队列准备：通过分组游戏"荷花荷花"将幼儿分成 4 组，带幼儿进入运动场地。

（二）基本部分

1. 创设情境，导入活动

教师导入游戏环节："小朋友们，你们谁见过蜘蛛呢？蜘蛛是怎么走路的？小朋友们来说说吧！"

2. 游戏：蜘蛛勇士

第一关：蜘蛛勇士运宝藏

游戏规则： 教师在距起点 5 米处摆放圆圈，往里面放入与小组人数相同的软飞盘。幼儿跑过去把软飞盘放在自己的肚子上，变成蜘蛛勇士爬回起点。比一比哪组的蜘蛛勇士最先运完宝藏，如图 3-8-1 所示。

游戏示范： 教师请幼儿做示范，幼儿肚子向上，四肢撑地变成蜘蛛勇士。

注意事项： 教师及时帮助手臂力量小的幼儿。

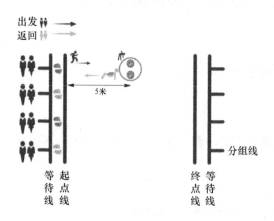

图 3-8-1

第二关：珍贵宝藏

游戏规则： 教师往圆圈里投放沙包，幼儿跑过去把沙包放在自己的肚子上，变成蜘蛛勇士爬回起点，如图 3-8-2 所示。宝藏被运送完后，教师和幼儿讨论：运送这两种宝藏有什么不同啊？

游戏示范： 教师先做一次示范，然后引导幼儿依次出发。

注意事项： 教师及时帮助手臂力量小的幼儿。

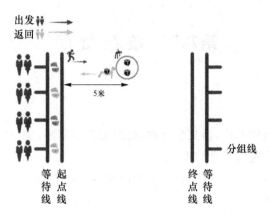

图 3-8-2

第三关：运送到远方

游戏规则：教师把圆圈挪到距起点 8 米处。所有幼儿变成蜘蛛勇士同时出发，每个幼儿运送一件宝藏到终点的圆圈里，直到把所有的宝藏都运送完。教师表扬幼儿团结协作的精神和勇敢向前的意志，如图 3-8-3 所示。

游戏示范：教师先做一次示范，然后引导幼儿依次出发。

注意事项：教师及时帮助手臂力量小的幼儿。

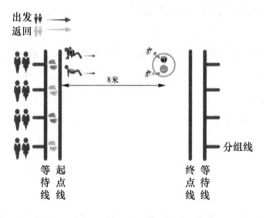

图 3-8-3

（三）结束部分

（1）活动小结：教师带领幼儿一起回顾掌握的新技能，即能手脚着地快速仰面爬。简单总结活动情况。

（2）放松活动：组织幼儿找到一个好朋友面对面、手拉手，教师播放放松操音乐，教师和幼儿一起跳放松操。

（3）整理器械：教师和幼儿一起整理器械。

第九节　超级餐厅

一、活动目标

(1) 掌握快跑急停动作,做到急停时,会向前跨步屈膝,重心后移减缓冲力。
(2) 提高身体平衡能力和协调性。
(3) 愿意参加"服务员"的活动,感受与同伴游戏的乐趣。

二、活动重点

掌握快跑急停的动作。

三、活动难点

急停时,会向前跨步屈膝,重心后移减缓冲力。

四、活动准备

(1) 经验准备:有快速直线跑的经验。
(2) 物质准备。
① 场地:用胶带贴出起点线和终点线,两条线相距10米,起点线和终点线各长8米;分别在起点线和终点线后1.2米处贴出一条等待线;在等待线上贴出分组线,分组线之间相距1.2米。
② 器械:梅花盘、软飞盘。

五、活动过程

(一) 开始部分

(1) 队列练习:幼儿在教师手势和口令的指引下进行队列入场,并站好体操队形。
(2) 热身操:播放热身音乐,教师和幼儿一起跳热身操。
(3) 队列准备:通过分组游戏"数字游戏"将幼儿分成4组,把每组幼儿带到起点线上站好。

(二) 基本部分

1. 创设情境，导入活动

教师导入游戏环节："今天，小朋友们当一次服务员，给我们小餐厅的客人上菜。"

2. 游戏：超级餐厅

第一关：第一桌客人

游戏规则：师："服务员要上菜了，我们把梅花盘当作餐桌，软飞盘当作菜，可不要把菜弄翻了。"教师给每个小组前面放一个软飞盘，第一个幼儿拿起软飞盘，跑到5米处的梅花盘处，将软飞盘放在上面，自己返回站到队尾，如图3-9-1所示。下一个幼儿跑过去把菜盘子收回来，放在小组前面，自己站到队尾；下下一个幼儿出发去上菜，依次出发。每个幼儿出发三次，如图3-9-2所示。

游戏示范：教师先做一次示范，然后引导幼儿依次出发。

注意事项：幼儿听教师口令，一组接着一组出发，避免相撞。

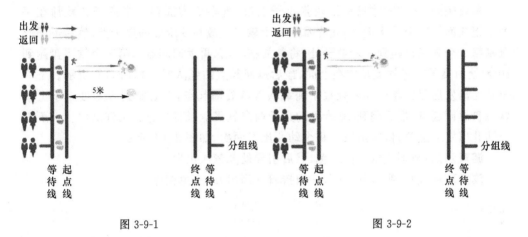

图 3-9-1　　　　　　　　　　　　图 3-9-2

第二关：一人上两桌菜

游戏规则：师："刚才只是给一张桌子上菜，现在要增加到两张桌子。"教师在每个小组前面放两个软飞盘，幼儿先拿起一个软飞盘放在5米处的桌子上，然后再返回起点拿第二个软飞盘跑到8米处桌子前，将软飞盘放在上面返回起点，站到队尾，如图3-9-3所示。下一个幼儿出发后要先跑到5米处桌子上拿软飞盘放回起点，然后去8米处桌子上拿软飞盘返回到起点，站到队尾，下下一个幼儿出发去上菜，依次出发。每个幼儿出发五次，如图3-9-4所示。

游戏示范：教师先做一次示范，然后引导幼儿依次出发。

注意事项：幼儿听教师口令，一组接着一组出发，避免相撞。

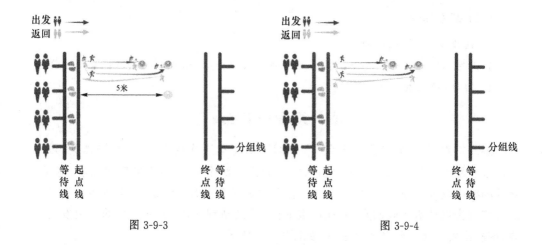

图 3-9-3　　　　　　　　　　　图 3-9-4

第三关:全能服务员

游戏规则:师:"刚才只是给两张桌子上菜,现在要增加到三张桌子。"教师在每个小组前面放三个软飞盘,幼儿先拿起一个软飞盘放在5米处的桌子上,然后返回起点拿第2个软飞盘跑到8米桌子处,将其放在上面,再返回起点拿第三个软飞盘跑到10米处的桌子前将软飞盘放在上面,最后返回起点站到队尾,如图3-9-5所示。下一个幼儿出发后要先跑到5米处桌子前拿软飞盘放回起点,然后跑到8米处桌子上拿软飞盘返回起点,最后跑到10米处的桌子前拿软飞盘,放回起点,站到队尾。下下一个幼儿出发去上菜,依次出发。每个幼儿出发两次,如图3-9-6所示。

游戏示范:教师先做一次示范,然后引导幼儿依次出发。

注意事项:幼儿听教师口令,一组接着一组出发,避免相撞。

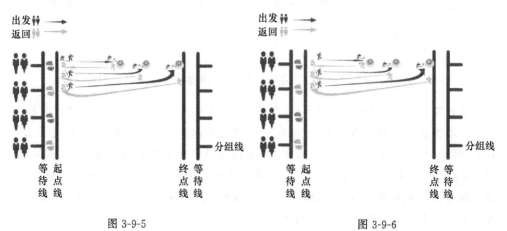

图 3-9-5　　　　　　　　　　　图 3-9-6

(三) 结束部分

(1) 活动小结：教师带领幼儿一起回顾掌握的新技能，即掌握快跑急停动作，做到急停时，会向前跨步屈膝，重心后移减缓冲力。

(2) 放松活动：组织幼儿找到一个好朋友面对面、手拉手，教师播放放松操音乐，教师和幼儿一起跳放松操。

(3) 整理器械：教师和幼儿一起整理器械。

第十节　疯 狂 躲 避

一、活动目标

(1) 能单手肩上投、双手头上投一定的距离，并投中目标物。
(2) 增强上臂力量和提高身体躲闪能力。
(3) 感受对抗游戏带来的快乐，并争取游戏的胜利。

二、活动重点

练习单手肩上、双手头上投掷的动作。

三、活动难点

能单手肩上和双手头上投并投中目标物。

四、活动准备

(1) 经验准备：有单手投小球的经验。
(2) 物质准备。
① 场地：用胶带贴出起点线和终点线，两条线相距10米，起点线和终点线各长8米；分别在起点线和终点线后1.2米处贴出一条等待线；在等待线上贴出分组线，分组线之间相距1.2米。
② 器械：鳄鱼球、六色盘。

五、活动过程

(一) 开始部分

(1) 队列练习：幼儿在教师手势和口令的指引下进行队列入场，并站好体操队形。

(2)热身操:播放热身音乐,教师和幼儿一起跳热身操。

(3)队列准备:通过分组游戏"数字游戏"将幼儿分成4组,每两组幼儿相向而站。

(二)基本部分

1. 创设情境,导入活动

教师导入游戏环节:"今天的运动项目是砍包大赛,让我们嗨起来吧!"

2. 游戏:疯狂躲避

游戏规则:教师在双方场地距中线2米处用六色盘摆出击打线。请暂时不参加比赛的小组幼儿分别退到场地两边等待(在条件允许的情况下,幼儿可以坐下)。即将比赛的两组幼儿只能在自己的场地里,并分别站在自己场地起点处,如图3-10-1所示。幼儿先跑到中线处拿一个鳄鱼球,然后跑回击打线就可以击打对方了,幼儿要一边躲开对方抛过来的鳄鱼球,一边找机会攻击对方,被鳄鱼球砸到的幼儿就要下场,等着下一局继续上场。游戏时间为三分钟,看一看哪组剩下的幼儿多,即为胜利,如图3-10-2所示。第一组游戏结束后换其他组幼儿进行比赛。

游戏示范:教师先做一次示范,然后请两组幼儿比赛。

注意事项:教师应提醒幼儿不能往其他幼儿脸上扔球,不要接对方的球,要躲开滚过来的球;当球停止滚动后,幼儿才可以将其捡起来反复攻击。

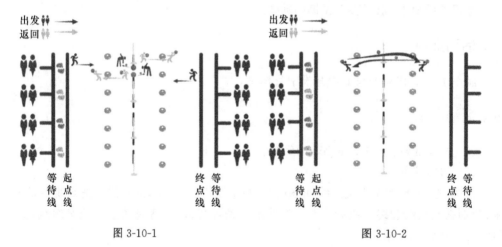

图3-10-1　　　　　　　　　　图3-10-2

(三)结束部分

(1)活动小结:教师带领幼儿一起回顾掌握的新技能,即能单手肩上投、双手头上投一定的距离,并投中目标物。教师简单总结活动情况。

(2)放松活动:组织幼儿找到一个好朋友面对面、手拉手,教师播放放松操音乐,教师和幼儿一起跳放松操。

(3)整理器械:教师和幼儿一起整理器械。

第十一节　聪明的商人

一、活动目标

（1）能双腿夹物行进跳一段距离。
（2）通过跑、跳动作增强腿部耐力。
（3）能够遵守游戏规则，在游戏体检相互合作和分享的快乐。

二、活动重点

能双脚夹物向前行进跳。

三、活动难点

掌握双脚向前行进跳时两腿不分开的动作要点。

四、活动准备

（1）经验准备：有双腿夹物跳的经验。
（2）物质准备。
① 场地：用胶带贴出起点线和终点线，两条线相距 10 米，起点线和终点线各长 8 米；分别在起点线和终点线后 1.2 米处贴出一条等待线；在等待线上贴出分组线，分组线间距 1.2 米；在场地中间贴出一条中线。
② 器械：软飞盘、长标杆。

五、活动过程

（一）开始部分

（1）队列练习：幼儿在教师手势和口令的指引下进行队列入场，并站好体操队形。
（2）热身操：播放热身音乐，教师和幼儿一起跳热身操。
（3）队列准备：通过分组游戏"马兰花"将幼儿分成 4～6 组，带到起点线上排队。请幼儿进入场地，将每组幼儿再分成 2 组，相向站在起点线和终点线上。

(二) 基本部分

1. 创设情境，导入活动

教师导入游戏环节："今天，小朋友们要当一次聪明的商人，和别的小朋友交换物品。让我们开始吧！"

2. 游戏：聪明的商人

第一关：小商人熟悉进货线路

游戏规则：幼儿从起点出发，跑到每个小组对应的长标杆处，绕过标志杆返回起点。每个幼儿出发四次，如图3-11-1所示。

游戏示范：教师做一次示范，然后引导幼儿依次出发。

注意事项：在绕杆时，对面的两个幼儿容易相撞，教师要规定好统一的绕杆方向，避免两组幼儿冲撞在一起，并提醒幼儿注意避让。

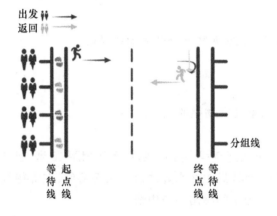

图 3-11-1

第二关：小商人进货

游戏规则：教师给每组幼儿发一个软飞盘。幼儿用膝盖夹着软飞盘，双脚跳着绕过长标杆返回起点，把软飞盘给队友，自己站到队尾。每个幼儿出发四次，如图3-11-2所示。

游戏示范：教师先做一次示范，提示幼儿双脚同时起跳，同时落地。

注意事项：教师帮助幼儿树立规则意识，违反规则的幼儿暂停一次游戏；教师帮助夹物跳能力弱的幼儿。

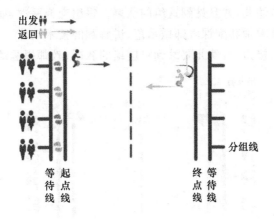

图 3-11-2

第三关：和其他的商人交换商品

游戏规则：教师请幼儿夹着软飞盘跳至中间标志杆处，与对应小组的幼儿交换软飞盘，并且大声说："跟你换！"交换成功后，幼儿夹着飞盘，倒着跳回自己的小组。每个幼儿出发四次，如图 3-11-3 所示。

游戏示范：教师可以先和一组幼儿合作游戏来做示范，讲解交换物品的站位。

注意事项：幼儿交换商品时不能碰到标志杆；配课教师应及时扶起倒下的标志杆。

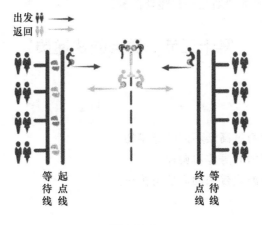

图 3-11-3

第四关：小商人进城卖商品，但要在城门关上之前进城

游戏规则：教师将中线左右对应的两根长标志杆并排放到中线上当作城门，两根长标志杆间隔 30 厘米。教师收回一组幼儿的软飞盘。请拿着软飞盘的幼儿跑着穿过

城门,接力给对面的幼儿,并且站到这组的队尾。每组交换两次,如图 3-11-4 所示。

游戏示范:主课教师和配课教师做示范,讲解跑的技术动作。

注意事项:迎面接力时,幼儿要站到对应组的队尾;教师提醒幼儿不用返回。

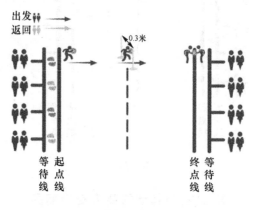

图 3-11-4

(三) 结束部分

(1) 活动小结:教师带领幼儿一起回顾掌握的新技能,即能夹物行进跳一段距离,并简单总结活动情况。

(2) 放松活动:组织幼儿找到一个好朋友面对面、手拉手,教师播放放松操音乐,教师和幼儿一起跳放松操。

(3) 整理器械:教师和幼儿一起整理器械。

第十二节 勤劳的快递员

一、活动目标

(1) 能单腿连续跨过高矮不同的障碍物。
(2) 提高平衡能力和身体协调性。
(3) 感受挑战类游戏带来的成功与快乐。

二、活动重点

能单腿跨过高、矮不同的障碍物。

三、活动难点

跨过障碍时能保持身体平衡,球不掉落。

四、活动准备

（1）经验准备：有跨过不同高度、宽度障碍物的经验。
（2）物质准备。
① 场地：用胶带贴出起点线和终点线，两条线相距10米，起点线和终点线各长8米；分别在起点线和终点线后1.2米处贴出一条等待线；在等待线上贴出分组线，分组线之间相距1.2米；在场地中间贴出一条中线。
② 器械：小跨栏（中等和高等高度）、软飞盘、标志桶、鳄鱼球。

五、活动过程

（一）开始部分

（1）队列练习：幼儿在教师手势和口令的指引下进行队列入场，并站好体操队形。
（2）热身操：播放热身音乐，教师和幼儿一起跳热身操。
（3）队列准备：通过分组游戏"吸铁石"将幼儿分成4组，将每组再分成2小队迎面站到起点线和终点线上。

（二）基本部分

1. 创设情境，导入活动

教师导入游戏环节："今天，小朋友们要成为优秀的快递员，在最短的时间内，把货物送到目的地。"

2. 游戏：勤劳的快递员

第一关：小快递员送快递

游戏规则：出发的幼儿双手端着软飞盘，把鳄鱼球放到上面当作货物，幼儿端着货物跑到对应组接力给对应组幼儿，自己站到队尾。拿到货物的幼儿出发跑到对面。每个幼儿往返五次，如图3-12-1所示。

游戏示范：教师先做一次示范，然后引导幼儿依次出发。

注意事项：教师注意让幼儿保持平衡，尽量不让鳄鱼球掉下来。如果鳄鱼球滚到其他跑道上，幼儿应当停下来看一看其他跑道上是否有人，在跑道上没有跑动的幼儿时才能去捡鳄鱼球；教师注意场上安全，避免幼儿相撞。

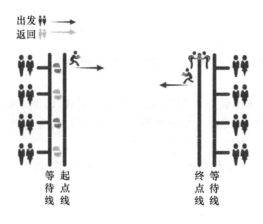

图 3-12-1

第二关:跨跳障碍物送货

游戏规则:教师在每条跑道上摆放 2 个小跨栏,间距 4 米。师:"在平坦的路上送货太简单了,摆上障碍物,看一看谁能送货物。"幼儿端着货物快速跑,跨过障碍物接力对面的幼儿。每个幼儿往返六次,如图 3-12-2 所示。

游戏示范:教师先做一次示范,然后带着不爱动的幼儿一起游戏。

注意事项:教师帮助幼儿树立规则意识,违反规则的幼儿暂停一次游戏;帮助总是掉球的幼儿。

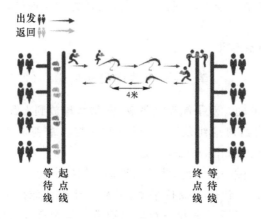

图 3-12-2

第三关:跨过高障碍物送货

游戏规则:教师在两个跨栏之间增加新跨栏,幼儿用与第二关相同的动作来接力。

游戏示范:教师先示范跨栏动作,然后幼儿开始游戏,如图 3-12-3 所示。

注意事项:教师不要勉强幼儿,幼儿实在跨不过去也不要强求;配课教师及时扶好倒下的新跨栏。

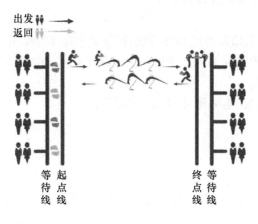

图 3-12-3

(三) 结束部分

(1) 活动小结:教师带领幼儿一起回顾掌握的新技能,即能持物连续跨过高矮不同的障碍物,并简单总结活动情况。

(2) 放松活动:组织幼儿找到一个好朋友面对面、手拉手,教师播放放松操音乐,教师和幼儿一起跳放松操。

(3) 整理器械:教师和幼儿一起整理器械。

第十三节 拯 救 队 友

一、活动目标

(1) 能在追逐跑中跟随目标物调节自己的速度。
(2) 增强腿部力量和提高身体灵敏性。
(3) 愿意参与挑战类体育游戏活动,感受游戏带来的快乐。

二、活动重点

在快速跑和追逐跑中完成游戏任务。

三、活动难点

能根据前面幼儿的跑动速度调节自己的跑速。

四、活动准备

（1）经验准备：有快速奔跑的经验。

（2）物质准备。

① 场地：用胶带贴出起点线和终点线，两条线相距 10 米，起点线和终点线各长 8 米；分别在起点线和终点线后 1.2 米处贴出一条等待线；在等待线上贴出分组线，分组线之间相距 1.2 米。

② 器械：泡沫面条、连接器、标志桶、拱形门。

五、活动过程

（一）开始部分

（1）队列练习：幼儿在教师手势和口令的指引下进行队列入场，并站好体操队形。

（2）热身操：播放热身音乐，教师和幼儿一起跳热身操。

（3）队列准备：通过分组游戏"吸铁石"将幼儿分成 4 组，幼儿在分组线上排队，每两组相对而站。

（二）基本部分

1. 创设情境，导入活动

教师导入游戏环节："我们对面的小朋友被魔法'封住了'身体，需要我们用力量和智慧去拯救他们！你们准备好了吗？"

2. 游戏：拯救队友

第一关：拯救自己的队友

游戏规则：请第一位救援幼儿跑过去和对面第一位等待被拯救的幼儿击掌并且大声说"请跟我走！"然后转身往回跑，被拯救的幼儿跟在救援幼儿的后面跑，注意被拯救的幼儿不能超过救援幼儿，因为回基地的路线和进门密码只有救援幼儿知道。回来后，两个幼儿站到队尾，请第二位救援幼儿跑到对面去拯救第二位幼儿。救援幼儿依次出发，直到将幼儿全部拯救回来，如图 3-13-1 所示。

师："我突然忘记了谁在对面的组了。请对面被救回来的小朋友踮着脚尖走回去，然后请救援队员再拯救一次。"两边的幼儿交换角色，完成两次拯救。

游戏示范：教师先做一次示范，然后幼儿开始游戏。

注意事项：教师应避免幼儿接力出发时发生碰撞。

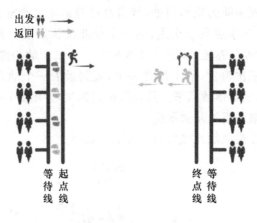

图 3-13-1

第二关:幼儿从拱形门里面钻过

游戏规则:教师把拱形门放在场地中间,给每组摆放一条跑道,横向摆成一排。师:"小朋友在去的时候不仅要跑,还要钻过拱形门,注意你们的后背,不要踹倒拱形门哦!"如图 3-13-2 所示。拯救方法同第一关,每个幼儿分别当两次救援幼儿和两次被拯救的幼儿。

游戏示范:教师先做一次示范,然后带着不爱动的幼儿一起游戏。

注意事项:教师应避免幼儿接力出发时发生碰撞。

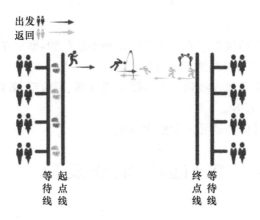

图 3-13-2

第三关:拯救接力,幼儿跑到中间叫下一个幼儿出发

游戏规则:相对的两组幼儿站到一起。师:"游戏这样还是简单,魔法把所有的通信系统都破坏了,现在只剩下自己美妙的声音了。"教师请其中一组幼儿表演,第一个幼儿先出发,跑到中间的拱形门处,转身高喊身后第二个幼儿:×××请过来!第二个幼儿听到自己名字后马上出发,第一个幼儿确认队友听到并出发后,自己马上钻过拱形门跑到对面的基地,如图3-13-3所示。第二个幼儿跑到中间拱形门处后转身喊第三个幼儿,依次出发,一个接着一个,直到最后一个幼儿回到对面的基地。看看哪组最先把所有队员拯救回来。共往返出发四次,如图3-13-4所示。

游戏示范:教师请一组幼儿做示范。

注意事项:教师应避免幼儿接力出发时发生碰撞。

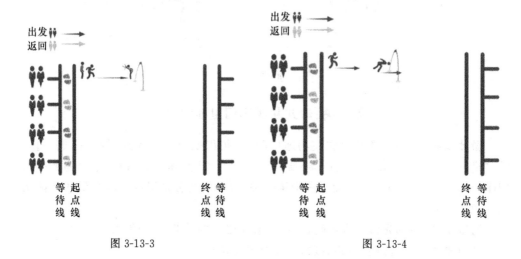

图 3-13-3　　　　　　　　　图 3-13-4

(三) 结束部分

(1) 活动小结:教师带领幼儿一起回顾掌握的新技能,即能在追逐跑中跟随目标物调节自己的跑速,并简单总结活动情况。

(2) 放松活动:组织幼儿找到一个好朋友面对面、手拉手,教师播放放松操音乐,教师和幼儿一起跳放松操。

(3) 整理器械:教师和幼儿一起整理器械。

第十四节　快速反应

一、活动目标

(1) 能用快跑、双脚连续跳、合作跳的方式完成游戏任务。

(2) 锻炼快速反应能力。

(3) 能在游戏中互相帮助,体验合作的快乐。

二、活动重点

掌握快速跑、双脚连续跳的技能。

三、活动难点

能听指令快速反应,并与同伴合作完成游戏任务。

四、活动准备

(1) 经验准备:有快跑、双脚连续跳、合作跳的经验。
(2) 物质准备。
① 场地:教师清除场地杂物,消除安全隐患。用胶带贴出起点线和终点线,两条线相距 10 米,起点线和终点线各长 8 米;分别在起点线和终点线后 1.2 米处贴出一条等待线;在等待线上贴出分组线,分组线之间相距 1.2 米。
② 器械:泡沫面条、接力棒、软飞盘、标志桶、吱吱鞋。

五、活动过程

(一) 开始部分

(1) 队列练习:幼儿在教师手势和口令的指引下进行队列入场,并站好体操队形。
(2) 热身操:播放热身音乐,教师和幼儿一起跳热身操。
(3) 队列准备:通过分组游戏"数字游戏"将幼儿分成 4 组,幼儿在起点线上站好。

(二) 基本部分

1. 创设情境,导入活动

教师导入游戏环节:"今天,我们玩的游戏是'快速反应',在这个游戏中,合作很重要,听指令也很重要,小队员们要加油了。"

2. 游戏:快速反应

第一关:练习用所有器械出发一次

游戏规则:首先,幼儿要熟悉出发的工具,教师喊哪种器械的名字,幼儿就拿哪种器械,然后每个幼儿出发一次。

师:"拿着接力棒出发!"幼儿拿着接力棒跑到终点摸一下标志桶返回来,把接力棒传给下一个幼儿,拿到接力棒的幼儿出发,每个幼儿出发一次,如图 3-14-1 所示。

师:"踩着吱吱鞋出发!"幼儿踩着吱吱鞋跳到终点摸一下标志桶,然后拿着吱吱鞋跑着返回起点交给下一个幼儿,自己站到队尾,每个幼儿出发一次,如图 3-14-2 所示。

师:"骑着摩托车出发!"两个幼儿同时骑在一根泡沫面条上双脚跳到终点,再跑回来把泡沫面条交给后面两个幼儿。每两个幼儿出发一次,如图 3-14-3 所示。

师:"踩着飞碟飞!"两个幼儿出发,把两个软飞盘放到地上,一个幼儿站在软飞盘跳向另一个软飞盘,另一个幼儿将跳过的软飞盘向前挪动,依次跳到终点后交换角色,用相同的方法回来。每个幼儿完成一次,如图 3-14-4 所示。

游戏示范:教师先做一次示范,然后引导幼儿依次出发。

注意事项:幼儿必须听教师口令,一组接着一组出发,避免相撞。

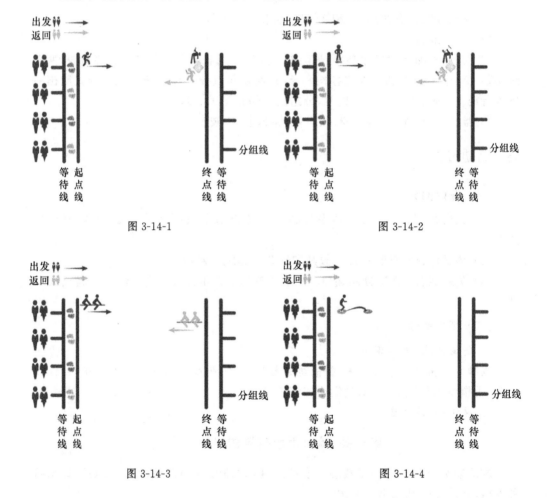

图 3-14-1　　图 3-14-2

图 3-14-3　　图 3-14-4

第二关:随机用器械出发

游戏规则:教师在每组中选一个幼儿当队长。这次,教师不会按顺序喊出器械名称,当教师喊出哪种器械,队长就要赶快找到这种器械,并且递给队友让他们出发。

师:"接力棒!"队长赶快找到接力棒,把它交给站在排头的幼儿让他出发,幼儿返回来后将器械交给队长,自己站到队尾。

师:"彩飞碟!"队长赶快找到两个软飞盘,请前面两个幼儿出发到终点,交换角色再返回来,回来后将器械交给队长,自己站到队尾。

师:"吱吱鞋!"队长赶快找到吱吱鞋,交给排头的幼儿,出发的幼儿踩着吱吱鞋跳到终点后拿着吱吱鞋跑回来,将器械交给队长,自己站到队尾。

师:"摩托车!"队长找到泡沫面条交给排在前面的两个幼儿,两个幼儿同时跳着出发,再返回来,将器械交给队长,自己站到队尾。教师视游戏情况而定,在个人项目中,可以让"接力棒"连着出发三次,给幼儿一些惊喜和措手不及,队长最后一个出发。

游戏示范:教师先做一次示范,然后引导幼儿依次出发。

注意事项:前面幼儿都返回之后,教师再喊下一组幼儿出发,避免相撞。

第三关:兄弟翻滚

游戏规则:师:"刚才,小朋友们很迅速地完成了任务,给自己鼓鼓掌!接下来,我不会单说一种器械,我要说两种以上,看看你们的反应能力。"

师:"摩托车和吱吱鞋。"队长用最短的时间组织好排在前面的队员,找到这两种器械出发,回来后紧接着喊:"踩飞碟和吱吱鞋"!

游戏示范:教师先做一次示范,然后引导幼儿依次出发。

注意事项:教师应注意幼儿出发的间距,避免相撞。

(三)结束部分

(1)活动小结:教师带领幼儿一起回顾掌握的新技能,即能快跑、双脚连续跳、合作跳完成游戏任务,并简单总结活动情况。

(2)放松活动:组织幼儿找到一个好朋友面对面、手拉手,教师播放放松操音乐,教师和幼儿一起跳放松操。

(3)整理器械:教师和幼儿一起整理器械。

第十五节 挖地雷

一、活动目标

(1)在变化方向跑动中,掌握提前降低重心的技巧。

(2)增强在跑动中身体的灵活性。

(3)能遵守游戏规则,愿意挑战自我。

二、活动重点

在变化方向跑动中掌握提前降低重心的技巧。

三、活动难点

在临近折返点时能急停、转身、蹬地返回。

四、活动准备

(1) 经验准备：能较快速的"Z"形跑。
(2) 物质准备。
① 场地：用胶带贴出起点线和终点线，两条线相距 10 米，起点线和终点线各长 8 米；分别在起点线和终点线后 1.2 米处贴出一条等待线；在等待线上贴出分组线，分组线之间相距 1.2 米。
② 器械：泡沫面条、标志桶。

五、活动过程

(一) 开始部分

(1) 队列练习：幼儿在教师手势和口令的指引下进行队列入场，并站好体操队形。
(2) 热身操：播放热身音乐，教师和幼儿一起跳热身操。
(3) 队列准备：通过分组游戏"荷花荷花"将幼儿分成 6 组，其中 3 组幼儿站在起点线上，另外 3 组幼儿站在终点线上；相向而站。

(二) 基本部分

1. 创设情境，导入活动

教师导入游戏环节："今天，小朋友们都要变成挖地雷的队员，我们马上要去完成任务了！"

2. 游戏：挖地雷

第一关：了解挖地雷的场地

游戏规则：教师请一边的幼儿出发，沿着"Z"字形的线路跳过每个六色盘，到达对面基地，和对面小组的第一个幼儿击掌后站到队尾，击掌的幼儿用同样的方式跳到对面，和对面的幼儿击掌。幼儿依次进行，每个幼儿出发四次，如图 3-15-1 所示。

游戏示范：教师先做一次示范，然后引导幼儿一起出发。

注意事项：幼儿必须听教师口令，一组接着一组出发，避免相撞。

第三章　大班室外体育游戏活动案例

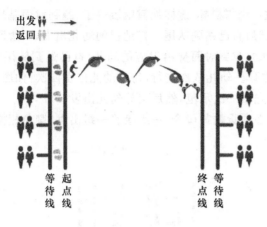

图 3-15-1

第二关：了解挖地雷的位置

游戏规则：师："刚才我们跳过了地雷，现在我们可以用手摸一下地雷底座了。"请幼儿沿"Z"字形线路跑动，遇到六色盘时蹲下并用手摸一下后继续跑，跑到对面基地，和对面的第一个幼儿击掌后站到队尾，击掌的幼儿用同样的方式跑到对面基地。幼儿依次出发，每个幼儿出发四次，如图 3-15-2 所示。

游戏示范：教师先做一次示范，双手交替摸底座，然后引导幼儿一起出发。

注意事项：幼儿必须听教师口令，一组接着一组出发，避免相撞。

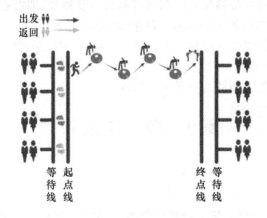

图 3-15-2

第三关：挖 地 雷

游戏规则：师："真正的考验来临了，我们要去挖地雷了，小心被炸到啊！"教师给先出发的基地每组发 10 个雪糕杯，出发的幼儿拿着 10 个雪糕杯，沿"Z"字形跑动并且在每个六色盘上面放一个雪糕杯,这样地雷就装好了,跑到对面基地和第一个幼儿说:"请你去挖地雷吧!"然后自己站到队尾。挖地雷的幼儿出发,一边跑,一边拆除每一个地雷(把雪糕杯拿起来),拿到对面交给对应的幼儿,自己站到队尾,如图 3-15-3 所示。下一个幼儿再去装炸弹。幼儿依次进行,每个幼儿出发四次,如图 3-15-4 所示。

游戏示范:教师先做一次示范,然后引导幼儿出发。

注意事项:幼儿必须听教师口令,一组接着一组出发,避免相撞。

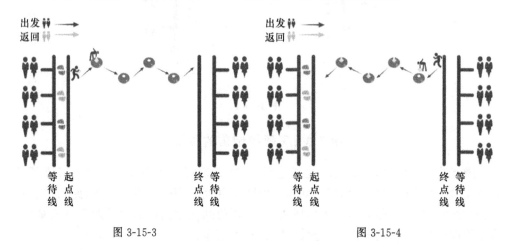

图 3-15-3　　　　　　　　　　　图 3-15-4

(三)结束部分

(1)活动小结:教师带领幼儿一起回顾掌握的新技能,即在变化方向跑动中,掌握提前降低重心的技巧,做到轻、稳,并简单总结活动情况。

(2)放松活动:组织幼儿找到一个好朋友面对面、手拉手,教师播放放松操音乐,教师和幼儿一起跳放松操。

(3)整理器械:教师和幼儿一起整理器械。

第十六节　传　送　带

一、活动目标

(1)平躺在地面上能双脚夹物进行传递,能做到双腿伸直,腰腹用力。

(2)增强下肢和腰腹力量。

(3)在两人传递的游戏中体验合作的快乐。

二、活动重点

双脚夹物进行传递时能做到双腿伸直,腰腹用力,动作轻盈、稳健。

三、活动难点

掌握双脚夹物的力度和部位,传递过程中不让物体掉落。

四、活动准备

(1) 经验准备:有做过双脚夹物的游戏。
(2) 物质准备:鳄鱼球(软球)。

五、活动过程

(一) 开始部分

(1) 队列练习:幼儿在教师手势和口令的指引下进行队列入场,并站好体操队形。
(2) 热身操:播放热身音乐,教师和幼儿一起跳热身操。
(3) 队列准备:通过分组游戏"马兰花"将幼儿分成两人一组,让幼儿在原地手拉手站好。

(二) 基本部分

1. 创设情境,导入活动

教师导入游戏环节:"今天,小朋友们都要变成传送带来进行工作。"

2. 游戏:快速反应

游戏规则:两个幼儿先背靠背坐在地上(如图 3-16-1 所示),然后头对头躺下,双手放在臀部两侧,掌心向下,教师把跳跳球放在其中一个幼儿的双脚之间(如图 3-16-2 所示),使其双脚夹住跳跳球,然后让幼儿用腰腹的力量把腿抬至自己头部上方(如图 3-16-3 所示)。躺在对面的幼儿也要把腿抬至自己头部上方,用双脚去接跳跳球,幼儿接住跳跳球之后把腿放平(如图 3-16-4 所示)。如此即传递成功。每组幼儿最少练习 10 次,休息 1 分钟。如果场地不够大,可以男孩和女孩分组游戏。

游戏示范:教师请两位幼儿示范,并进行指导,然后引导幼儿一起开始。

注意事项:教师需耐心指导幼儿掌握游戏动作。

图 3-16-1

图 3-16-2

图 3-16-3

图 3-16-4

(三) 结束部分

(1) 活动小结:教师带领幼儿一起回顾掌握的新技能,即平躺地面能双脚夹物进行传递,能做到双腿伸直、腰腹用力,并简单总结活动情况。

(2) 放松活动:组织幼儿找到一个好朋友面对面、手拉手,教师播放放松操音乐,教师和幼儿一起跳放松操。

(3) 整理器械:教师和幼儿一起整理器械。

第十七节　闯关小勇士

一、活动目标

(1) 跨大步直线跑时不偏离指定方向。
(2) 提高跑动时的身体协调性和增强腿部力量。
(3) 愿意参与竞赛类游戏,感受胜利的快乐。

二、活动重点

掌握跨大步直线跑的技能。

三、活动难点

在跨大步跑动中能控制身体的方向。

四、活动准备

(1) 经验准备:有跨大步跑动的经验。
(2) 物质准备。
① 场地:用胶带贴出起点线和终点线,两条线相距10米,起点线和终点线间隔8米;分别在起点线和终点线后1.2米处贴出一条等待线;在等待线上贴出分组线,分组线之间相距1.2米。
② 器械:40个软飞盘。

五、活动过程

(一) 开始部分

(1) 队列练习:幼儿在教师手势和口令的指引下进行队列入场,并站好体操队形。

(2) 热身操:播放热身音乐,教师和幼儿一起跳热身操。

(3) 队列准备:通过分组游戏"吸铁石"将幼儿分成4组,把幼儿分别带到分组线上。

(二) 基本部分

1. 创设情境,导入活动

教师导入游戏环节:"今天,我们要给自己铺一条路,需要大家合作完成。"

2. 游戏:闯关小勇士

第一关:幼儿寻找铺路石

游戏规则:每个幼儿每次拿一个软飞盘将其用双腿夹着跳回来,放到基地里,和下一个幼儿击掌后站到队尾,击掌的幼儿出发。就这样依次出发,直到所有的软飞盘都被拿完,每组拿8个软飞盘,如图3-17-1所示。

游戏示范:教师示范动作,提示幼儿击掌之后才能出发,避免相撞。如果有违反规则的幼儿,要阻止其一个人去拿软飞盘。

注意事项:教师强调游戏规则。

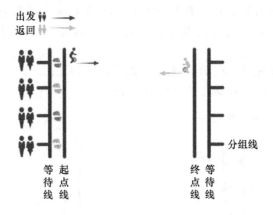

图 3-17-1

第二关:幼儿用铺路石铺出一条路

游戏规则:师:"终点有你们的另一个基地,小朋友们要跑到那个基地去,但是没有路,需要我们在两个基地之间修出一条路,将软飞盘当作铺路石,一块一块整齐地摆在跑道里,使你们组的小朋友成功地到达对面基地。"如图3-17-2所示。每个幼儿还是每次拿一个软飞盘从原始基地开始摆,一个接着一个,直到把8个软飞盘摆完为止。看一看哪一队先摆完,如图3-17-3所示。

游戏示范:教师先做一次示范,然后引导幼儿依次出发。
注意事项:教师强调游戏规则。

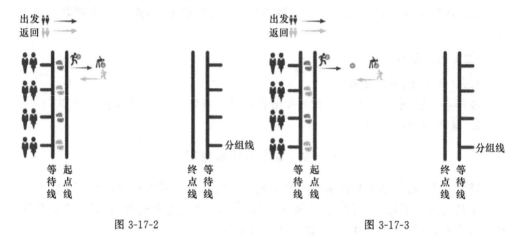

图 3-17-2　　　　　　　　　　　图 3-17-3

第三关:幼儿通过闯关小勇士转移基地

游戏规则:如果幼儿要到另一个基地去,就要带着脱掉的鞋从摆好的跑道上跑过去(脚不要踩在外面的跑道),到达基地后,幼儿穿好鞋大声告诉自己的队友,让他也过来。幼儿依次出发,全部幼儿都转移成功后,教师让幼儿用掌声鼓励自己,如图 3-17-4 所示。

游戏示范:教师先做一次示范,然后帮助落后的幼儿。
注意事项:教师注意让幼儿控制奔跑的速度。

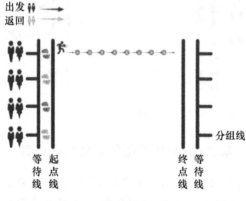

图 3-17-4

(三) 结束部分

(1) 活动小结:教师带领幼儿一起回顾掌握的新技能,即能跨大步直线跑时不偏离指定方向,并简单总结活动情况。

(2) 放松活动：组织幼儿找到一个好朋友面对面、手拉手，教师播放放松操音乐，教师和幼儿一起跳放松操。

(3) 整理器械：教师和幼儿一起整理器械。

第十八节　青蛙特工队

一、活动目标

(1) 能在吱吱鞋上平稳地向前跳跃一段距离。
(2) 提高身体的控制能力和平衡能力。
(3) 能遵守游戏规则，感受体育活动带来的快乐。

二、活动重点

借助吱吱鞋进行一定距离的行进跳。

三、活动难点

能在行进跳跃中控制自己的身体。

四、活动准备

(1) 经验准备：有玩吱吱鞋的经验。
(2) 物质经验。
① 场地：用胶带贴出起点线和终点线，两条线相距10米，起点线和终点线各长8米；分别在起点线和终点线后1.2米处贴出一条等待线；在等待线上贴出分组线，分组线之间相距1.2米。教师按组数在10米远的终点摆放泡沫面条圈。
② 器械：吱吱鞋、标志桶、泡沫面条、转换器。

五、活动过程

(一) 开始活动

(1) 队列练习：幼儿在教师手势和口令的指引下进行队列入场，并站好体操队形。
(2) 热身操：播放热身音乐，教师和幼儿一起跳热身操。
(3) 队列准备：通过分组游戏"吸铁石"将幼儿分成4～6组，把幼儿分别带到分组线上。

(二) 基本部分

1. 创设情境,导入活动

教师导入游戏环节:"今天,小朋友们变成了青蛙,但是大鳄鱼抓了你们的朋友。要想拯救朋友,需要小朋友们踩在青蛙飞行器上(吱吱鞋)跳过去拯救。"

2. 游戏:青蛙特工队

第一关:拯救青蛙队友

游戏规则:教师从每组选一个幼儿让他先站在终点的泡沫面条圈里,等待小青蛙拯救,如图 3-18-1 所示。幼儿踩在青蛙飞行器上(吱吱鞋)跳到对面,和他击掌并且把青蛙飞行器交给队友,让他返回基地,跳过来的幼儿要留在泡沫面条圈里,幼儿依次出发,每个幼儿都在终点当一次人质,如图 3-18-2 所示。

游戏示范:教师示范动作,指导和帮助个别不会用吱吱鞋跳的幼儿。教师和幼儿讨论怎样使用吱吱鞋跳跃。

注意事项:教师注意观察平衡能力差的幼儿并及时给予帮助。

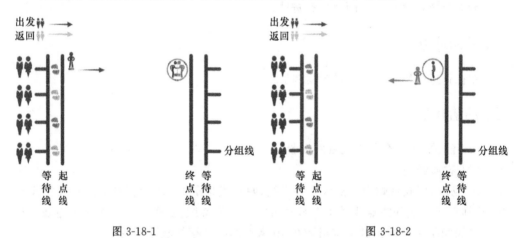

图 3-18-1   图 3-18-2

第二关:拯救青蛙队友的路上出现了障碍物

游戏规则:刚才,大鳄鱼在平坦的路上放上了障碍物,以阻止特工队员去拯救队友。幼儿要绕过障碍拯救朋友,如图 3-18-3 所示。教师在每条跑道上放三个标志桶,每个间距 2 米。青蛙踩着吱吱鞋跳着绕过障碍物去拯救朋友,自己留在他的位置,如图 3-18-4 所示。

游戏示范:教师先做一次示范,然后引导幼儿依次出发;对动作不协调的幼儿要及时给予帮助。

注意事项:教师注意观察平衡能力弱的幼儿。

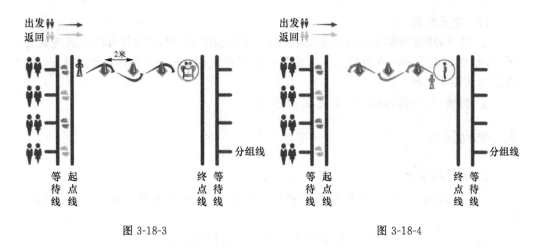

图 3-18-3　　　　　　　　图 3-18-4

（三）结束部分

（1）活动小结：教师带领幼儿一起回顾掌握的新技能，即能在吱吱鞋上平稳地向前跳跃一段距离，并简单总结活动情况。

（2）放松活动：组织幼儿找到一个好朋友面对面、手拉手，教师播放放松操音乐，教师和幼儿一起跳放松操。

（3）整理器械：教师和幼儿一起整理器械。

第十九节　兔子也疯狂

一、活动目标

（1）掌握立定跳远和绕障碍跑的方法。

（2）提高身体灵活性和反应能力。

（3）愿意参与闯关类游戏，感受胜利的快乐。

二、活动重点

掌握双腿夹物连续跳，绕障碍物跑的技能。

三、活动难点

在跑跳过程中能轻松落地，保持身体平衡。

四、活动准备

（1）经验准备：有立定跳远的经验。

(2) 物质准备。

① 场地：用胶带贴出起点线和终点线，两条线相距 10 米，起点线和终点线各长 8 米；分别在起点线和终点线后 1.2 米处贴一条等待线；在等待线后贴出分组线，分组线之间相距 1.2 米。

② 器械：软飞盘、标志桶、六色盘、太空梯。

五、活动过程

（一）开始部分

(1) 队列练习：幼儿在教师手势和口令的指引下进行队列入场，并站好体操队形。

(2) 热身操：播放热身音乐，教师和幼儿一起跳热身操。

(3) 队列准备：通过分组游戏"荷花荷花"让幼儿自由组合成 4～6 组，并站在分组线上。

（二）基本部分

1. 创设情境，导入活动

教师导入游戏环节："听说动物城里正在招聘警察，小兔子们都来报名了，但是要想成为警察就必须要通过重重考验，你们能成功吗？"

2. 游戏：兔子也疯狂

第一关：幼儿双脚夹物连续跳跳到终点绕标志桶一圈后返回

游戏规则：师："小朋友们扮演小兔子，并自取一个软飞盘。小兔子要跳着完成任务，考验小朋友们会不会双腿夹物连续跳。"教师示范双腿夹着软飞盘跳到终点，然后围着标志桶转一圈再跳回来，将软飞盘交给下一个幼儿，下一个幼儿出发，每个幼儿出发三次，如图 3-19-1 所示。

游戏示范：教师先请能力强的幼儿示范游戏，然后带着能力弱的幼儿一起游戏。

注意事项：在跳跃过程中，幼儿需捡起落地的飞盘后再游戏。

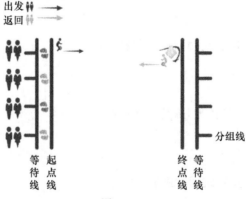

图 3-19-1

第二关:幼儿双脚连续向前跳然后跑步返回

游戏规则:师:"第一关没有难倒我们的小兔子,接下来这一关加大难度了。如果小兔子能通过这一关,就可以成为一名警察了!"教师在每组幼儿前面摆放六个软飞盘,软飞盘间距为一米,即两个太空梯的宽度,教师先做示范,从第一个软飞盘上跳到第二个软飞盘上,然后跳到第三个软飞盘上,一直跳过第六个软飞盘,然后跑到终点围着标志桶转一圈,最后跑回起点,每个幼儿出发三次,如图 3-19-2 所示。

游戏示范:教师先让能力强的幼儿做一次示范,然后全体幼儿一起游戏。

注意事项:教师提醒幼儿在向前跳跃过程中要落地缓冲,轻松落地。

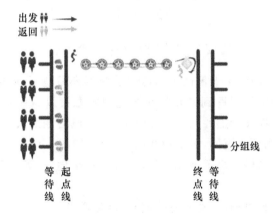

图 3-19-2

第三关:幼儿跳过每个软飞盘,然后从三排太空梯上跳过

游戏规则:师:"恭喜小兔子顺利地成为警察!现在我们要去执行一项抓捕任务!一直流窜的小老鼠已经跑到了很远的地方,兔子警察必须要跳过一条很宽的小河才能去抓他。"教师在距离最后一排飞盘1米的地方横着摆放三排太空梯,三排太空梯要紧挨着,幼儿从起点出发,站在飞盘上并从每个飞盘上跳过,然后用最大的力气跳过小河,最后围着标志桶转一圈原路返回,每个幼儿出发三次,如图 3-19-3 所示。

游戏示范:教师先做一次示范,指导幼儿立定跳远的动作,重点强调轻松落地。

注意事项:跳太空梯时,教师要求幼儿动作又高又远,落地又轻又稳,避免因碰到太空梯而摔倒。

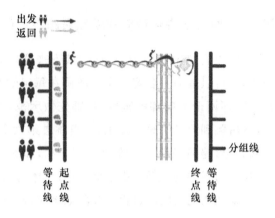

图 3-19-3

第四关:幼儿跳过每个障碍物

游戏规则:师:"现在,小老鼠已经知道兔子警察来抓他了,所以路上埋了好多的小地雷,小朋友们一定不要踩到。"教师在场地中随意摆放一些六色盘,幼儿从起点出发绕过小地雷,站在飞盘上并从每个飞盘上跳过,然后用最大的力气跳过小河,最后围着标志桶转一圈原路返回,每个幼儿出发三次,如图 3-19-4 所示。

游戏示范:教师先做一次示范,敏捷地躲过每一个地雷,跳过飞盘,越过小河,到达终点。

注意事项:在跳跃过程中,幼儿应分散开,避免碰撞。

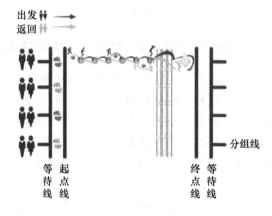

图 3-19-4

(三)结束部分

(1)活动小结:教师带领幼儿一起回顾掌握的新技能,即掌握立定跳远和绕障碍跑的方法,并简单总结活动情况。

(2) 放松活动:组织幼儿找到一个好朋友面对面、手拉手,教师播放放松操音乐,教师和幼儿一起跳放松操。

(3) 整理器械:教师和幼儿一起整理器械。

第二十节 搬 家 比 赛

一、活动目标

(1) 掌握在快速跑动中急停和折返跑的方法。

(2) 提高跑动时身体的协调性和灵敏度。

(3) 愿意参加竞争类游戏,感受游戏带来的快乐。

二、活动重点

在快速跑动中急停、折返时,能灵活地控制身体。

三、活动难点

急停时,能重心后移减速缓冲;折返时,能迅速转身,再全力冲刺。

四、活动准备

(1) 经验准备:有快速直线跑的经验。

(2) 物质准备。

① 场地:用胶带贴出起点线和终点线,两条线相距10米,起点线和终点线各长8米;分别在起点线和终点线后1.2米处贴出一条等待线;在等待线上贴出分组线,分组线之间相距1.2米。

② 器械:雪糕杯、呼啦圈、软飞盘。

五、活动过程

(一) 开始部分

(1) 队列练习:幼儿根据提示进行队列练习。

(2) 热身操:教师带领幼儿根据音乐提示做准备活动,重点活动下肢、腰部。

(3) 队列准备:通过分组游戏"数字游戏"将幼儿分成4～6组,把每组幼儿带到起点线上站好。

(二) 基本部分

1. 创设情境,导入活动

教师导入游戏环节:"今天,我们来玩一个搬运工的游戏,看一看今天哪位搬运工速度最快。"

2. 游戏:搬家比赛

第一关:小区搬运工

游戏规则:幼儿跑出去在第一个圆圈里拿起雪糕杯放置在软飞盘上运送到第二个圆圈里面,返回站到队尾,下一个幼儿出发拿一个雪糕杯放到第二个圆圈里,直到雪糕杯被拿完。看一看哪组搬家的速度最快,如图3-20-1所示。

游戏示范:教师先做一次示范,拿起第一个圆圈里的雪糕杯放到第二个圆圈里,然后返回起点。

注意事项:出发时,幼儿应注意圆圈内的雪糕杯,以防踢倒。

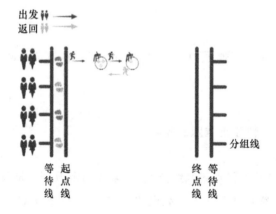

图 3-20-1

第二关:城市搬运工

游戏规则:师:"刚才搬家的距离有点近,这次要远一些。"幼儿将雪糕杯从第二个圆圈里搬到第三个圆圈里。比一比哪组最快,如图3-20-2所示。

游戏示范:教师先从第二个圆圈开始,拿起第二个圆圈里的雪糕杯放置在软飞盘上运送到第三个圆圈里,然后返回起点。

注意事项:同第一关。

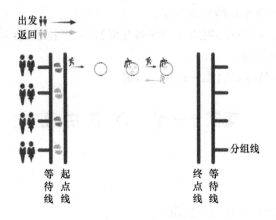

图 3-20-2

第三关:速 度 王

游戏规则:师:"经过两轮比赛,每个搬运工的速度都明显加快,接下来搬运的距离越来越远,请搬运工将第三个圆圈里的雪糕杯放到第一个圆圈中,比一比哪组最快。教师给每组幼儿发一个软飞盘,幼儿拿着软飞盘去搬家。这次是从最远的第三个圆圈用飞盘运送一个雪糕杯并放到第二个圆圈里,比一比哪组最快,如图 3-20-3 所示。

游戏示范:教师从第三个圆圈开始,拿起第三个圆圈中的雪糕杯放置在飞盘上运送到第二个圆圈中,然后返回起点。

注意事项:同第一关。

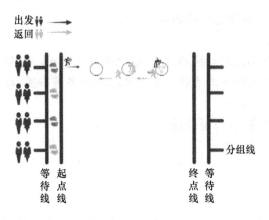

图 3-20-3

(三) 结束部分

(1) 活动小结:教师带领幼儿一起回顾掌握的新技能,即在快速跑动急停、折返时能控制好身体,并简单总结活动情况。

(2) 放松活动:组织幼儿找到一个好朋友面对面、手拉手,教师播放放松操音乐,教师和幼儿一起跳放松操。

(3) 整理器械:教师和幼儿一起整理器械。

第二十一节　创 意 拼 图

一、活动目标

(1) 能单脚连续跳较长的一段距离。

(2) 能身体平稳地持物快速跑。

(3) 在拼图游戏中感受合作的快乐。

二、活动重点

掌握单脚连续跳的技能。

三、活动难点

在单脚跳跃时能很好地控制身体的方向。

四、活动准备

(1) 经验准备:有单脚连续跳的游戏经验。

(2) 物质准备。

① 场地:用胶带贴出起点线和终点线,两条线相距10米,起点线和终点线分别长8米;分别在起点线和终点线后1.2米各贴出一条等待线;在等待线上贴出分组线,分组线之间相距1.2米。

② 器械:泡沫面条、标志桶、连接器。

五、活动过程

(一) 开始部分

(1) 队列练习:幼儿在教师手势和口令的指引下进行队列入场,并站好体操队形。

(2) 热身操:播放热身音乐,教师和幼儿一起跳热身操。

(3) 队列准备:通过分组游戏"吸铁石",将幼儿分成4~6组,取一个队名并将队伍带入运动场地。

(二) 基本部分

1. 创设情境,导入活动

教师导入游戏环节:"今天,我们要来玩创意拼图的游戏,可是没有器械怎么玩?看终点有好多的泡沫面条,我们要用泡沫面条拼出好多的图形。"

2. 游戏"创意拼图"

第一关:幼儿骑着"三轮车"去拿泡沫面条

游戏规则:每组三个幼儿变成"三轮车"一起出发。两个幼儿内侧手相拉,一个幼儿站在中间,把左膝挂在上面,两臂搭在两侧人肩上。两边的幼儿走着前进,中间的幼儿支撑脚跳跃前进。"三轮车"驶向终点,幼儿拿一根泡沫面条回来,放在小组队后。(注意幼儿互相交换中间人)直到泡沫面条和自己小组人数相等,如图3-21-1所示。

游戏示范:教师请三个幼儿示范动作,并指导。

注意事项:教师提醒前面两个幼儿的手不要抬得太高,以免中间的幼儿摔倒;中间幼儿的双手一定要搭在另两个幼儿的肩上。

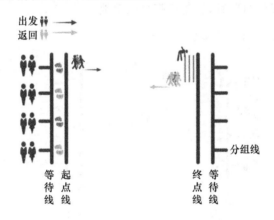

图 3-21-1

第二关:幼儿利用泡沫面条进行创意拼数字

游戏规则:每个幼儿拿一根泡沫面条以小组为单位站好。听教师口令:"请幼儿以小组为单位单脚跳跃着用手里的泡沫面条拼出数字1、5。"如图3-21-2所示。数字摆放成功后,教师一一做出评价。

游戏示范:教师提示幼儿,当一侧支撑腿站不稳时,可以换别一侧支撑腿继续游戏。

注意事项:在摆放图形时,幼儿双脚可以落地。

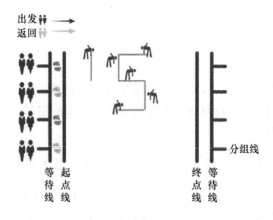

图 3-21-2

第三关:幼儿利用泡沫面条进行创意拼图形、字母、汉字

游戏规则:每个幼儿拿一根泡沫面条以小组为单位站好。听教师口令:"请幼儿以小组为单位单脚跳跃着用手里的泡沫面条拼出×××(教师任意说出图形、字母、汉字)。

游戏示范:教师提示幼儿,当一侧支撑腿站不稳时,可以换另一侧支撑腿继续游戏。

注意事项:在摆放图形时,幼儿双脚可以落地。

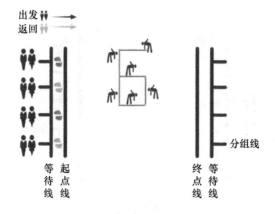

图 3-21-3

(三)结束部分

(1)活动小结:教师带领幼儿一起回顾掌握的技能,即能单脚跳较长的一段距离。简单总结活动情况。

(2)放松活动:组织幼儿找到一个好朋友面对面、手拉手,教师播放放松操音乐,教师和幼儿一起跳放松操。

(3)整理器械:教师和幼儿一起整理器械。

第二十二节　糖果娃娃

一、活动目标

（1）掌握快速折返跑的方法，并能完成相应任务。
（2）增强下肢力量。
（3）遵守游戏规则，在竞争中体验成功的快乐。

二、活动重点

掌握快速折返跑的方法，并能完成相应任务。

三、活动难点

在折返跑时，能迅速转身，然后全力冲刺。

四、活动准备

（1）经验准备：有快速跑的经验。
（2）物质准备。
① 场地：用胶带贴出起点线和终点线，两条线相距10米，起点线和终点线各长8米；分别在起点线和终点线后1.2米处贴出一条等待线；在等待线上贴出分组线，分组线之间相距1.2米。
② 器械：长标杆、圆底座、六色盘、吱吱鞋。
（3）游戏准备：教师把长标杆和圆底座组合起来。

五、活动过程

（一）开始部分

（1）队列练习：幼儿在教师手势和口令的指引下进行队列入场，并站好体操队形。
（2）热身操：播放热身音乐，教师和幼儿一起跳热身操。
（3）队列准备：通过分组游戏"荷花荷花开几朵"将幼儿分成6组，把幼儿分别带到分组线上。

（二）基本部分

1. 创设情境，导入活动

教师导入游戏环节："今天，小朋友们要变成糖果娃娃来收集糖果，需要你们的勇气和智慧。"

2. 游戏:糖果娃娃

第一关:糖果娃娃熟悉收集糖果的路线

游戏规则:每组幼儿从起点出发跑到终点线的标志杆处绕过回来。幼儿依次出发,每个幼儿完成五次,如图 3-22-1 所示。

游戏示范:教师先做一次示范,请幼儿注意观察跑动的路线。

注意事项:教师提醒幼儿跑动时不能碰到标志杆。

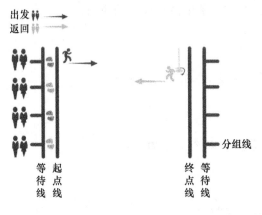

图 3-22-1

第二关:糖果娃娃运送糖果

游戏规则:教师在每个小组旁边摆放 10 个六色盘(糖果)。每个出发的幼儿拿着一个六色盘跑到标志杆处,把六色盘套在上面,然后回来站到队尾,下一个幼儿出发,直到自己小组里的六色盘全部被放到标志杆上面。如图 3-22-2 所示。

游戏示范:教师先做一次示范,鼓励积极参与游戏的幼儿。

注意事项:配课教师及时扶正标志杆。

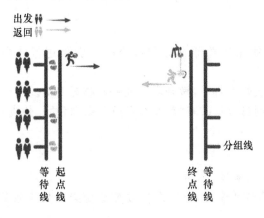

图 3-22-2

第三关：糖果娃娃取回糖果

游戏规则：糖果娃娃的双手黏黏的，取回糖果时，手不要和糖果碰到一起。请幼儿跑到终点，用膝盖夹着糖果（六色盘）跳回来。如图 3-22-3 所示。

游戏示范：教师先做一次示范，请幼儿观察教师是如何用膝盖夹着六色盘行进跳的。

注意事项：教师引导幼儿直线跑，不能曲线跑，避免相撞。

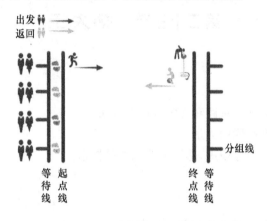

图 3-22-3

第四关：糖果娃娃驾驶着飞行器运送糖果

游戏规则：教师要给糖果娃娃一架飞行器（吱吱鞋），糖果娃娃驾驶着飞行器把糖果送到终点，直到把所有的糖果都送完。每个幼儿完成三组（视幼儿的运动量而定），如图 3-22-4 所示。

游戏示范：教师请幼儿做示范，并指导。

注意事项：教师提醒幼儿要有节奏地用吱吱鞋跳。

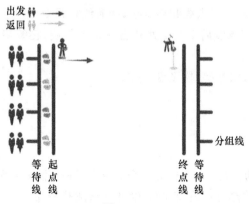

图 3-22-4

（三）结束部分

（1）活动小结：教师带领幼儿一起回顾掌握的新技能，即能快速折返跑完成游戏任务，并简单总结活动情况。

（2）放松活动：组织幼儿找到一个好朋友面对面、手拉手，教师播放放松操音乐，教师和幼儿一起跳放松操。

（3）整理器械：教师和幼儿一起整理器械。

第二十三节 虎 大 王

一、活动目标

（1）掌握双脚向前行进跳和立定跳远的方法。

（2）增强大腿及脚踝的力量。

（3）在游戏中能遵守规则，感受游戏成功的快乐。

二、活动重点

掌握双脚向前行进跳和立定跳远的方法。

三、活动难点

能坚持用双脚连续跳的方式从起点跳到终点，动作一直保持规范。

四、活动准备

（1）经验准备：有双脚连续跳和立定跳远的经验。

（2）物质准备。

① 场地：用胶带贴出起点线和终点线，两条线相距10米，起点线和终点线各长8米；分别在起点线和终点线后1.2米处贴出一条等待线；在等待线上贴出分组线，分组线之间相距1.2米。

② 器械：六色盘、太空梯、软飞盘、标志桶。

五、活动过程

（一）开始部分

（1）队列练习：幼儿在教师手势和口令的指引下进行队列入场，并站好体操队形。

（2）热身操：播放热身音乐，教师和幼儿一起跳热身操。

(3) 队列准备:通过分组游戏"马兰花"将幼儿分成 4~6 组,将每组幼儿带到分组线上排队。

(二) 基本部分

1. 创设情境,导入活动

教师导入游戏环节:"今天,我们要玩的游戏叫作'虎大王',小朋友们今天都要变成大老虎。大老虎肚子饿了,它需要去捕猎,大老虎只有跑得很快才能抓到猎物。"

2. 游戏:虎大王

第一关:抓 兔 子

游戏规则:幼儿从起点出发,快速跑到终点摸一下标志桶后返回起点,和下一个幼儿击掌,下一个幼儿出发。每个幼儿完成三次,如图 3-23-1 所示。

游戏示范:教师先做一次示范,然后引导幼儿依次出发。

注意事项:前面的幼儿停下来击掌后,后面的幼儿才能出发,以免相撞。

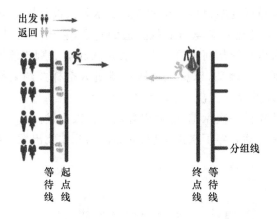

图 3-23-1

第二关:跳跃障碍物抓兔子

游戏规则:配课教师在每组幼儿前面摆放 10 个六色盘,每个六色盘间隔 50 厘米。师:"小兔子跳的时候为了不让大老虎抓到它,跳过了很多的障碍物。大老虎如果想要抓到小兔子也必须从障碍物上跳过去。"幼儿从起点双脚连续跳跳过每一个六色盘(不能踩到),跑到终点摸一下标志桶后原路返回。每个幼儿完成三次,如图 3-23-2 所示。

游戏示范:教师先做一次示范,然后引导幼儿依次出发。

注意事项:前面幼儿停下来击掌后,后面的幼儿才能出发,以免相撞。

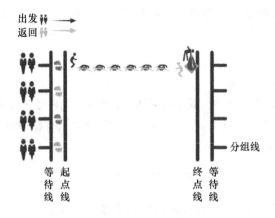

图 3-23-2

第三关:跳过小河抓兔子

游戏规则:配课教师在距最后一个六色盘 2 米处摆放两排太空梯,两排太空梯挨在一起。师:"小兔子发现大老虎马上就要追到它了,它坐小船过了一条小河,但是大老虎没有小船,所以只能从河上跳过去。"幼儿从起点双脚连续跳跳过每一个六色盘(不能踩到),跑到太空梯前,双脚立定跳远跳过太空梯并跑到终点摸一下标志桶后原路返回。每个幼儿完成三次,如图 3-23-3 所示。

游戏示范:教师先做一次示范,然后引导幼儿依次出发。

注意事项:前面的幼儿停下来击掌后,后面的幼儿才能出发,以免相撞。

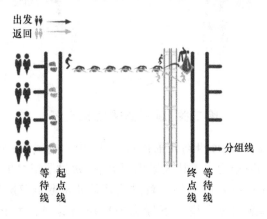

图 3-23-3

(三)结束部分

(1)活动小结:教师带领幼儿一起回顾掌握的新技能,即掌握双脚向前行进跳和立定跳远的方法,并简单总结活动情况。

(2) 放松活动:组织幼儿找到一个好朋友面对面、手拉手,教师播放放松操音乐,教师和幼儿一起跳放松操。

(3) 整理器械:教师和幼儿一起整理器械。

第二十四节　网中飞盘

一、活动目标

(1) 能低手腹前抛飞盘至目标物。

(2) 提高手眼协调能力。

(3) 能合作完成游戏任务,感受成功的快乐。

二、活动重点

提升低手腹前抛物的动作技巧。

三、活动难点

能低手腹前抛物至目标物处。

四、活动准备

(1) 经验准备:有胸前抛飞盘的经验。

(2) 物质准备。

① 场地:用胶带贴出起点线和终点线,两条线相距10米,起点线和终点线各长8米;分别在起点线和终点线后1.2米处贴出一条等待线;在等待线后贴出分组线,分组线之间相距1.2米。

② 器械:软飞盘、泡沫面条、转换器、标志桶、长标杆。

③ 游戏:教师拿两根泡沫面条和转换器组合出圆圈,将圆圈放到标志桶上面,然后将圆圈和标志桶放到终点,并用标志桶和长标杆隔出3米的投掷线。

五、活动过程

(一) 开始部分

(1) 队列练习:幼儿在教师手势和口令的指引下进行队列入场,并站好体操队形。

(2) 热身操:播放热身音乐,教师和幼儿一起跳热身操。

(3) 队列准备:通过分组游戏"吸铁石"将幼儿分成 4 组,把幼儿分别带到分组线上。

(二) 基本部分

1. 创设情境,导入活动

教师导入游戏环节:"今天,每个小朋友都变成了飞碟投手,我们要把飞碟精准地投入大网里,来吧!看一看哪个小朋友投得最准。"

2. 游戏:网中飞盘

第一关:跑到投掷线把软飞盘投入圆网

游戏规则:每组幼儿人手一个软飞盘,幼儿拿着软飞盘跑到投掷线,把飞盘投入圆网里,然后捡起飞盘跑回起点,交给下一个幼儿,自己站到队尾。每个幼儿完成三次,如图 3-24-1 所示。

游戏示范:教师先做一次示范,然后带着不爱动的幼儿一起游戏。

注意事项:进出圆网时,幼儿要抬膝盖跨过泡沫面条,避免摔倒;在跑步过程中,幼儿应避免拥挤、相撞。

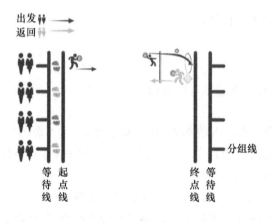

图 3-24-1

第二关:交替移动软飞盘到投掷线处投掷

游戏规则:师:"刚才,我们跑的线路被敌人破坏了,双脚无法在上面行走了。"教师给每组第一个幼儿发两个软飞盘。从起点出发时,幼儿先把两个软飞盘放在地上,把鞋脱掉站在软飞盘上面同时拿好鞋,然后交替移动软飞盘前进至投掷线并把鞋穿好,将两个软飞盘投掷到圆网里,接着幼儿捡起软飞盘跑回起点,交给下一个幼儿,自己站到队尾。每个幼儿出发三次,如图 3-24-2 所示。

游戏示范:教师先做一次示范,提醒幼儿移动技巧。
注意事项:幼儿捡飞盘时应避免因绊倒而摔伤。

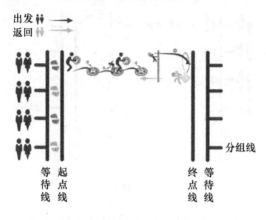

图 3-24-2

第三关:两人合作将软飞盘移动到投掷线处投掷

游戏规则:师:"困难不断地出现,一个人是无法完成下面的任务的,你需要好朋友、好队友帮助。"教师请一组幼儿做示范,两个幼儿合作,一个幼儿在上面跳,一个幼儿在下面挪动软飞盘,如图 3-24-3 和图 3-24-4 所示。到达投掷线后,每个幼儿投掷一次,回来时交换角色(脱掉鞋),如图 3-24-5 所示。

游戏示范:教师先做一次示范,然后和幼儿讨论怎么投掷软飞盘才能顺利的飞入圆网里。

注意事项:捡飞盘时,教师应避免两个幼儿因拥挤而相撞。

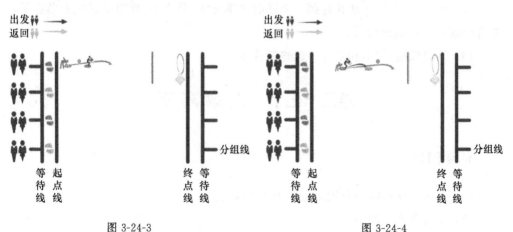

图 3-24-3　　　　　　　　　　图 3-24-4

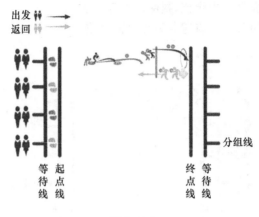

图 3-24-5

第四关：每个幼儿投掷多个软飞盘

游戏规则：幼儿拿三个软飞盘跑到投掷线处,将软飞盘投入圆网里,然后幼儿捡起软飞盘跑回起点交给下一个幼儿,自己站到队尾。每个幼儿完成一次即可。

游戏示范：教师表扬投掷得准的幼儿,鼓励其他幼儿。

注意事项：跑步过程中,幼儿应避免拥挤、相撞。

(三) 结束部分

(1) 活动小结：教师带领幼儿一起回顾掌握的新技能,即能低手腹前抛飞盘至目标物,并简单总结活动情况。

(2) 放松活动：组织幼儿找到一个好朋友面对面、手拉手,教师播放放松操音乐,教师和幼儿一起跳放松操。

(3) 整理器械：教师和幼儿一起整理器械。

第二十五节 夹球高手

一、活动目标

(1) 掌握双脚夹物向前用力甩出物体的技能。

(2) 提高身体协调性。

(3) 愿意参与竞争类游戏,体验获胜的喜悦。

二、活动重点

掌握双脚夹物向前用力甩出物体的技能。

三、活动难点

能双脚夹物向前用力甩出物体并能甩出一定的距离。

四、活动准备

（1）经验准备：有双腿夹物跳的技能。

（2）物质准备。

① 场地：用胶带贴出起点线和终点线，两条线相距10米，起点线和终点线各长8米；分别在起点线和终点线后1.2米处贴出一条等待线；在等待线上贴出分组线，分组线之间相距1.2米。

② 器械：鳄鱼球、泡沫面条、六色盘。

五、活动过程

（一）开始部分

（1）队列练习：幼儿在教师手势和口令的指引下进行队列入场，并站好体操队形。

（2）热身操：播放热身音乐，教师和幼儿一起跳热身操。

（3）队列准备：通过分组游戏"吸铁石"将幼儿分成4~6组，将每组幼儿带到分组线上排队。

（二）基本部分

1. 创设情境，导入活动

教师导入游戏环节："今天，小朋友们变成坦克手和老师一起去完成任务。"

2. 游戏：夹球高手

第一关：夹球行进跳

游戏规则：幼儿用双脚夹住鳄鱼球跳跃前进，到终点后抱着鳄鱼球跑着回来。每个幼儿完成三次，如图3-25-1所示。

游戏示范：教师示范双脚夹住鳄鱼球跳跃前进，到达终点抱着鳄鱼球跑回起点。

注意事项：在双脚夹球行进跳时，如果球从双脚中滑落，需捡回后继续游戏。

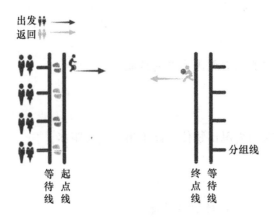

图 3-25-1

第二关：射 击 能 力

游戏规则：教师在每条跑道中间摆放一根泡沫面条，幼儿用双脚夹着鳄鱼球跳至泡沫面条前，跳起来时将双腿间的鳄鱼球甩向前方，最后跑过去捡起鳄鱼球跑回起点，交给下一个幼儿，自己站到队尾。每个幼儿完成三次，如图 3-25-2 所示。

游戏示范：教师双脚夹住鳄鱼球跳跃前进，到达终点，双脚将球甩出去，捡回球跑回起点。

注意事项：幼儿双脚夹住球，需跳起后用力甩出。

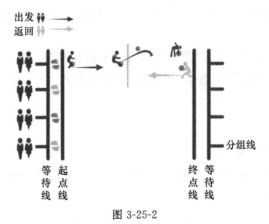

图 3-25-2

第三关：大 比 拼

游戏规则：教师在场地中间摆放六色盘当作界线。每次请两组幼儿上场，分别站在两边，每人用双脚夹着鳄鱼球跳至中间的界线，然后用双脚把鳄鱼球甩出去，游戏时间为两分钟，看一看哪组的鳄鱼球少即为获胜方，如图 3-25-3 所示。

游戏示范：教师双脚夹住鳄鱼球跳跃前进，到达界线处，双脚将球甩出去。

第三章 大班室外体育游戏活动案例

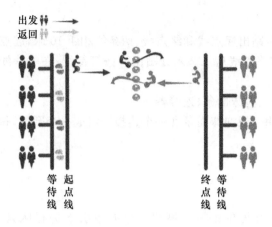

图 3-25-3

注意事项：夹球行进跳到界线处后才可将球甩出去。
注意事项：教师应关注身体协调性弱的幼儿。

（三）结束部分

（1）活动小结：教师带领幼儿一起回顾掌握的新技能，即掌握双脚夹物向前用力甩出物体的技能，并简单总结活动情况。

（2）放松活动：组织幼儿找到一个好朋友面对面、手拉手，教师播放放松操音乐，教师和幼儿一起跳放松操。

（3）整理器械：教师和幼儿一起整理器械。

第二十六节　滚 车 轮

一、活动目标

（1）能推动较大物体并掌握绕障碍物行进走的方法。
（2）提高身体的方向感和平衡能力。
（3）愿意参与合作类游戏，感受合作带来的快乐。

二、活动重点

掌握推物并绕障碍物行行进走的技能。

三、活动难点

在推动较大物体及绕障碍物行进走时能保持身体平衡及控制好物体的方向。

四、活动准备

（1）经验准备：有推物走的技能。

(2) 物质准备。

① 场地：用胶带贴出起点线和终点线，两条线相距 10 米，起点线和终点线各长 8 米；分别在起点线和终点线后 1.2 米处贴出一条等待线；在等待线上贴出分组线，分组线之间相距 1.2 米。

② 器械：标志桶、泡沫面条、连接器。

③ 游戏：教师用一根泡沫面条和一个连接器组成一个圆圈，每组一个。

五、活动过程

（一）开始部分

（1）队列练习：幼儿在教师手势和口令的指引下进行队列入场，并站好体操队形。

（2）热身操：播放热身音乐，教师和幼儿一起跳热身操。

（3）队列准备：通过分组游戏"吸铁石"将幼儿分成 4~6 组，将每组幼儿带到分组线上排队。

（二）基本部分

1. 创设情境，导入活动

教师导入游戏环节："今天让我们比一比谁的'车轮'滚得最快最稳。"

2. 游戏：滚车轮

第一关：滚"车轮"大比拼

游戏规则：师："今天，小朋友们要来滚动'车轮'，看一看谁的力气大，能将'车轮'滚动。"教师给每组幼儿一个泡沫圆圈，幼儿将它滚动到终点，并绕过标志桶，返回起点给下一个幼儿，自己站到队尾。每个幼儿完成三次，如图 3-26-1 所示。

游戏示范：教师先做一次示范，滚动泡沫圆圈时要控制好方向。

注意事项：幼儿应控制好方向，在自己的道路上前进。

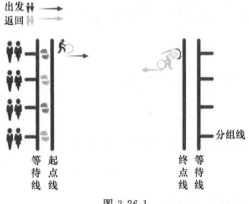

图 3-26-1

第二关:"车轮"避开障碍物

游戏规则:教师在幼儿滚动"车轮"的路上摆放三个标志物,幼儿一边滚动"车轮",一边绕着标志桶S形前进。每个幼儿完成三次,如图3-26-2。

游戏示范:教师先做一次示范,滚动泡沫圆圈时控制好"车轮"的方向。

注意事项:教师提醒幼儿控制好"车轮"方向,避免相撞。

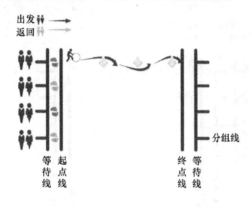

图 3-26-2

第三关:两个幼儿推大"车轮"前进

游戏规则:师:"'车轮'变大了(由三根泡沫面条组成的圆圈),看看你能不能和好朋友一起把这个大'车轮'滚到终点。"两个幼儿推着"车轮"绕着标志桶滚到终点,然后返回交给下一组幼儿,两个幼儿站到队尾。每两个幼儿进行三次游戏,如图3-26-3所示。

游戏示范:教师与一个幼儿一起滚动"车轮"到终点。

注意事项:两个幼儿合作完成游戏,注意相互配合。

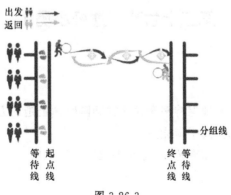

图 3-26-3

第四关：两个幼儿推"大车轮"前进

游戏规则：教师用三根泡沫面条组成一个大圆圈。请这组所有幼儿一起滚动大圆圈，看看这组幼儿能不能将大圆圈滚动起来，他们组是怎么做的呢？然后，请其他小组幼儿一起来比赛，看一看哪组幼儿最快完成任务。每组完成三次，如图 3-26-4 所示。

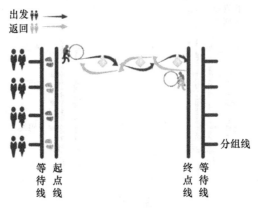

图 3-26-4

(三) 结束部分

(1) 活动小结：教师带领幼儿一起回顾掌握的新技能，即能推较大物体并绕障碍行进走，并简单总结活动情况。

(2) 放松活动：组织幼儿找到一个好朋友面对面、手拉手，教师播放放松操音乐，教师和幼儿一起跳放松操。

(3) 整理器械：教师和幼儿一起整理器械。

第二十七节　撑杆小勇士

一、活动目标

(1) 掌握用长标杆撑地保持平衡并能在间隔物体上走的方法，动作平稳且轻盈。

(2) 提高身体协调性及平衡能力。

(3) 愿意参与闯关类体育游戏，感受游戏带来的快乐。

二、活动重点

会利用长标杆支撑地面,并且找准支撑点。

三、活动难点

能把握长标杆支撑地面并在间隔物体上走的节奏。

四、活动准备

(1) 经验准备:有在间隔物体上走的经验。

(2) 物质准备。

① 场地:用胶带贴出起点线和终点线,两条线相距10米,起点线和终点线各长8米;分别在起点线和终点线后1.2米处贴出一条等待线;在等待线上贴出分组线,分组线之间相距1.2米。

② 器械:踩桶、底座、长标杆。

五、活动过程

(一) 开始部分

(1) 队列练习:幼儿在教师手势和口令的指引下进行队列入场,并站好体操队形。

(2) 热身操:播放热身音乐,教师和幼儿一起跳热身操。

(3) 队列准备:通过分组游戏"马兰花"将幼儿分成4~6组,将每组幼儿带到分组线上排队。

(二) 基本部分

1. 创设情境,导入活动

教师导入游戏环节:"今天,让我们来玩一个撑杆走的游戏吧!"

2. 游戏:撑杆小勇士

第一关:飞檐走壁

游戏规则:师:"今天,我摆出了好多的间隔物,你们要从间隔物上走过去,看一看哪个小朋友既走得快,又不会从间隔物上掉下来。"第一组幼儿走过场地中由踩桶组合而成的路,到终点后从右侧跑回起点,和下一个幼儿击掌,自己站到队尾,下一个幼儿出发。幼儿依次游戏,每个幼儿完成五次,如图3-27-1所示。

游戏示范：教师先做一次示范,示范时连续走过由踩桶组合的路。

注意事项：连续走过踩桶时,幼儿应注意保持身体平衡,不要从踩桶上掉下来。

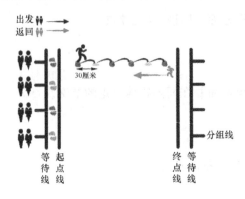

图 3-27-1

第二关：撑 杆 走

游戏规则：师:"这样太简单了,刚才的间距仅仅 30 厘米,接下来会增加到 60 厘米。不过为了保持平衡,我要给小朋友们拿一根长标杆。"幼儿用长标杆的一头撑在地面上,协助自己走到终点,然后从右侧跑回来,把长标杆交给下一个幼儿后自己站到队尾。每个幼儿出发五次,如图 3-27-2 所示。

游戏示范：教师先做一次示范,示范时教师手抓紧长标杆,走过由踩桶铺成的路。

注意事项：幼儿跑回时注意应竖拿长标杆,避免幼儿冲撞。

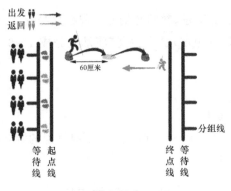

图 3-27-2

第三关：撑杆小勇士

游戏规则：这次出发的幼儿要带着自己的鞋,到终点后,穿好鞋骑在长标杆上面,跳着回来,然后把长标杆交给下一个幼儿,自己站到队尾。每个幼儿完成三次,如图 3-27-3 所示。

游戏示范:教师先请一组幼儿做示范,示范时教师手抓紧长标杆,走过由踩桶铺成的路。

注意事项:幼儿应双腿夹紧长标杆呈直线跳回起点,以避免发生冲撞。

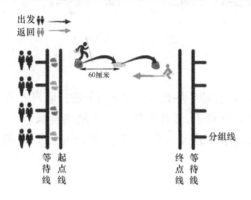

图 3-27-3

(三) 结束部分

(1) 活动小结:教师带领幼儿一起回顾掌握的新技能,即掌握用长杆撑地保持平衡并能在间隔物体上走的方法,动作平稳且轻盈,并简单总结活动情况。

(2) 放松活动:组织幼儿找到一个好朋友面对面、手拉手,教师播放放松操音乐,教师和幼儿一起跳放松操。

(3) 整理器械:教师和幼儿一起整理器械。

第二十八节 红 绿 灯

一、活动目标

(1) 能根据指令迅速做出急停的反应。
(2) 提高快速反应能力。
(3) 遵守游戏规则,体验游戏带来的乐趣。

二、活动重点

能根据指令快速做出急停的反应。

三、活动难点

能根据指令快速做出急停的反应。

四、活动准备

(1) **经验准备**:有辨别交通指示灯的经验。
(2) **物质准备**:六色盘(红、黄、绿)、软飞盘、体操圈。

五、活动过程

(一) 开始部分

(1) **队列练习**:幼儿在教师手势和口令的指引下进行队列入场,并站好体操队形。
(2) **热身操**:播放热身音乐,教师和幼儿一起跳热身操。
(3) **队列准备**:给每个幼儿发一个软飞盘,请幼儿散开并把软飞盘放在地面上,自己站在软飞盘上。

(二) 基本部分

1. 创设情境,导入活动

教师导入游戏环节:"今天的游戏和我们的生活息息相关,叫做'红绿灯'。我们过马路时,看见红灯应该怎么做?看见黄灯应该怎么做?看见绿灯应该怎么做?"听一听幼儿的意见。

2. 游戏:红绿灯

第一关:幼儿辨别红绿灯并作出反应

游戏规则:师:"现在我就是'红绿灯'了,小朋友们看到我出示绿灯时就可以在场地里面舞动起来,说明汽车可以奔驰了(如图 3-28-1 所示)。当我出示红灯时,小朋友们找到一个软飞盘停在上面(如图 3-28-2 所示)。"一共进行五次游戏。

游戏示范:教师引导幼儿进行游戏。

注意事项:教师注意带领幼儿往一个方向舞动,避免互相碰撞。

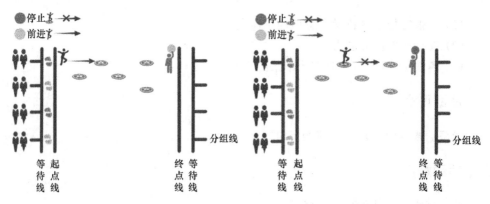

图 3-28-1　　　　　　　　　图 3-28-2

第二关:幼儿在遵守交通秩序的前提下对红绿灯作出反应

游戏规则:师:"刚才我们跑动的时候,场面太乱了,如果路上的汽车都乱开,那交通不就乱成一团了吗?那我们应该怎么做呢?小男孩,拿起你的软飞盘到我拳头的这边排队;小女孩,拿起软飞盘到我的手掌这边排队!"幼儿站好队后,把软飞盘放下(软飞盘也是排好队的),幼儿走出软飞盘,到软飞盘一端的体操圈后排队,如图 3-28-3 所示。教师站到幼儿对面的终点处。师:"这次小朋友们依次跳跃出发,不过还是要看我的红绿灯啊!"教师准备一组红绿灯,两队幼儿只看一个红绿灯。一共进行五次游戏,如图 3-28-4 所示。

游戏示范:教师先做一次示范,表扬没出错的幼儿。

注意事项:教师应注意幼儿的间距,避免相撞。

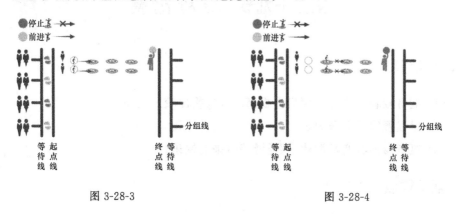

图 3-28-3　　　　　　　　　　图 3-28-4

第三关:男孩女孩看不同红绿灯过马路

游戏规则:师:"看一个红绿灯太简单了,我要变出两个红绿灯!男孩看一个,女孩看一个。"教师一手一个红绿灯,请幼儿出发。教师可以同时出示绿灯或者红灯,也可以出示一个红灯和一个绿灯。一共进行五次游戏,如图 3-28-5 所示。

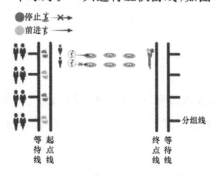

图 3-28-5

游戏示范：教师示范动作，表扬没出错的幼儿。

注意事项：教师应注意幼儿的间距，避免相撞。

（三）结束部分

（1）活动小结：教师带领幼儿一起回顾掌握的新技能，即根据指令能迅速做出急停的反应，并简单总结活动情况。

（2）放松活动：组织幼儿找到一个好朋友面对面、手拉手，教师播放放松操音乐，教师和幼儿一起跳放松操。

（3）整理器械：教师和幼儿一起整理器械。

第二十九节　标　枪　比　赛

一、活动目标

（1）能将较轻的物体利用肩上投掷的方式投出较远的距离。

（2）增强腰腹及上肢力量。

（3）愿意参加竞赛类游戏，感受游戏带来的快乐。

二、活动重点

掌握正确的投掷方式。

三、活动难点

能将较轻的物体投出较远的距离。

四、活动准备

（1）经验准备：有投掷沙包的经验。

（2）物质准备。

① 场地：用胶带贴出起点线和终点线，两条线相距10米，起点线和终点线各长8米；分别在起点线和终点线后1.2米处贴出一条等待线；等待线后贴出分组线，分组线之间相距1.2米。

② 器械：泡沫面条、小跨栏、标志桶、长标杆。

五、活动过程

(一) 开始部分

(1) 队列练习:幼儿在教师手势和口令的指引下进行队列入场,并站好体操队形。
(2) 热身操:播放热身音乐,教师和幼儿一起跳热身操。
(3) 队列准备:通过分组游戏"数字游戏"将幼儿分成4组,把每组幼儿带到起点线上站好。

(二) 基本部分

1. 创设情境,导入活动

教师导入游戏环节:"今天,我们都变成了一名小运动员,要一起来一次标枪比赛。"

2. 游戏:标枪比赛

第一关:徒手练习投掷动作

游戏规则:幼儿徒手练习投掷动作。幼儿左腿向前迈半步,右手高高举起,重心向后牵引,然后右手用力甩出去(呈45°出手)。每个幼儿练习10次,如图3-29-1所示。

游戏示范:教师先做一次示范,然后和幼儿一起练习。

注意事项:将幼儿前、后、左、右距离拉开,防止胳膊碰到其他幼儿。

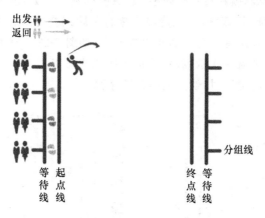

图 3-29-1

第二关:用泡沫面条投掷

游戏规则:教师先给每组幼儿发一根泡沫面条,并用两个标志桶和长标杆组合成投掷线,投掷线距离起点2米;然后请幼儿站在投掷线后,用力将泡沫面条用刚才的投掷动作投出去;最后幼儿跑过去将泡沫面条捡回来给下一个幼儿。每个幼儿练习五次,如图3-29-2所示。

游戏示范:教师先做一次示范,然后指导幼儿投掷。

注意事项:幼儿投掷完以后应捡回泡沫面条。

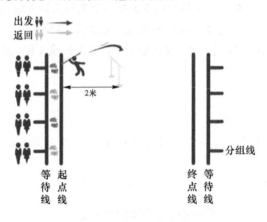

图 3-29-2

第三关:投过每个距离的标志物,然后跑着返回

游戏规则:教师在每组的投掷区里摆放小跨栏,小跨栏距离投掷线分别为2米、4米、6米。幼儿在投掷时,目标要超过投掷区的小跨栏,然后跨跳过小跨栏去捡泡沫面条(如果投掷到2米处,就跨过一个跨栏;如果投掷到4米处,就跨过两个跨栏,以此类推),如图3-29-3所示;接着,幼儿捡回泡沫面条后跑着返回起点,将泡沫面条交给下一个幼儿,自己站到队尾。每个幼儿投掷五次,如图3-29-4所示。

游戏示范:教师先做一次示范,然后指导幼儿的动作。

注意事项:在跨越障碍时,幼儿的腿脚要抬高。

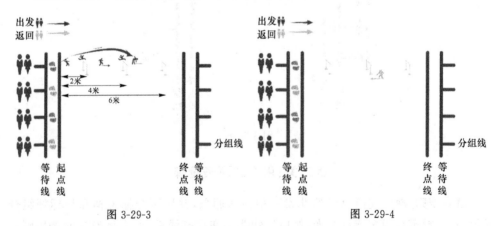

图 3-29-3   图 3-29-4

第四关：幼儿先跨过跨栏，然后投掷

游戏规则：教师将投掷线移到终点，幼儿拿着泡沫面条从起点出发，跨过小跨栏到达投掷线将泡沫面条投掷出去，如图 3-29-5 所示；接着，幼儿捡回泡沫面条后跑着返回起点，将泡沫面条交给下一个幼儿，自己站到队尾。每个幼儿完成三次，如图 3-29-6 所示。

游戏示范：教师表扬投掷动作标准的幼儿。

注意事项：在跨跳过障碍时，幼儿应避免因碰到跨栏而摔倒。

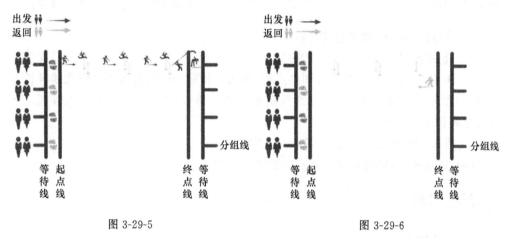

图 3-29-5　　　　　　　　　　图 3-29-6

（三）结束部分

（1）活动小结：教师带领幼儿一起回顾掌握的新技能，即能将较轻的物体利用肩上投的方式投出较远的距离，并简单总结活动情况。

（2）放松活动：组织幼儿找到一个好朋友面对面、手拉手，教师播放放松操音乐，教师和幼儿一起跳放松操。

（3）整理器械：教师和幼儿一起整理器械。

第三十节　鳄鱼球散步

一、活动目标

（1）练习拖物倒退走，且能灵活地绕开障碍物。

（2）提高空间认知及平衡能力。

（3）愿意参加接力类体育游戏，感受游戏获胜的喜悦。

二、活动重点

在练习拖物倒退走时能灵活地绕开障碍物。

三、活动难点

倒退走时能判断障碍物的位置并快速通过。

四、活动准备

(1) 经验准备:有倒退走的经验。

(2) 物质准备。

① 场地:用胶带贴出起点线和终点线,两条线相距10米,起点线和终点线各长8米;分别在起点线和终点线后1.2米处贴出一条等待线;在等待线上贴出分组线,分组线之间相距1.2米。

② 器械:鳄鱼球、标志桶、泡沫面条、雪糕杯。

(3) 游戏准备:教师在每组终点处摆放标志桶。

五、活动过程

(一) 开始部分

(1) 队列练习:幼儿在教师手势和口令的指引下进行队列入场,并站好体操队形。

(2) 热身操:播放热身音乐,教师和幼儿一起跳热身操。

(3) 队列准备:通过分组游戏"马兰花"将幼儿分成4~6组,将幼儿分别带到分组线上。

(二) 基本部分

1. *创设情境,导入活动*

教师导入游戏环节:"今天,小朋友们要带着鳄鱼球散步!"

2. *游戏:鳄鱼球散步*

第一关:幼儿利用泡沫面条的弯曲部位拖着鳄鱼球,倒退散步

游戏规则:幼儿拿一根泡沫面条,双手各握泡沫面条的一端,使泡沫面条呈"U"形,利用泡沫面条的弯曲部位拖着鳄鱼球,倒退走到终点,然后幼儿用双腿夹着泡沫面条,手抱着鳄鱼球跳回起点,将泡沫面条和鳄鱼球传给下一个幼儿,自己站到队尾。幼儿依次出发,每个幼儿完成三次,如图3-30-1所示。

游戏示范：教师先做一次示范，然后指导平衡能力差的幼儿。
注意事项：教师及时提醒幼儿后退方向，避免幼儿相撞。

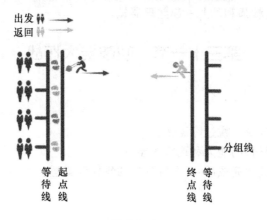

图 3-30-1

第二关：幼儿散步时要躲避毒蘑菇

游戏规则：师："就在你们刚才散步的路上长出了好多奇怪的小蘑菇，请注意！好像是昏睡蘑菇，碰到它，你就要开始睡觉了！"教师在每组跑道上摆放雪糕杯，每个雪糕杯间距1.5米，幼儿依次出发，每个幼儿完成三次，如图3-30-2所示。

游戏示范：教师先做一次示范，然后指导个别幼儿。

注意事项：配课教师及时调整被弄乱的雪糕杯和提醒幼儿后退方向，避免幼儿相撞。

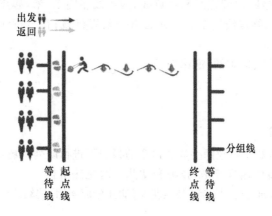

图 3-30-2

（三）结束部分

（1）活动小结：教师带领幼儿一起回顾掌握的新技能，即练习拖物倒退走，能灵活的绕开障碍物，并简单总结活动情况。

(2) 放松活动：组织幼儿找到一个好朋友面对面、手拉手，教师播放放松操音乐，教师和幼儿一起跳放松操。

(3) 整理器械：教师和幼儿一起整理器械。

第三十一节　吱吱鞋大作战

一、活动目标

(1) 能踩吱吱鞋快速跳过障碍物。
(2) 提高操控材料的能力和跳跃的能力。
(3) 愿意合作共同完成游戏，激发良好的集体荣誉感。

二、活动重点

掌握利用吱吱鞋进行跳跃的技巧。

三、活动难点

在跳跃中能控制身体的速度和方向。

四、活动准备

(1) 经验准备：有跳吱吱鞋的游戏经验。
(2) 物质准备。
① 场地：用胶带贴出起点线和终点线，两条线相距10米，起点线和终点线各长8米；分别在起点线和终点线后1.2米处贴出一条等待线；在等待线上贴出分组线，分组线之间相距1.2米。
② 器械：吱吱鞋、标志桶、泡沫面条。

五、活动过程

(一) 开始部分

(1) 队列练习：幼儿在教师手势和口令的指引下进行队列入场，并站好体操队形。
(2) 热身操：播放热身音乐，教师和幼儿一起跳热身操。
(3) 队列准备：通过分组游戏"马兰花"将幼儿分成4组，把幼儿分别带到分组线上。

(二) 基本部分

1. 创设情境，导入活动

教师导入游戏环节："今天，小朋友们都变成小战士，我们玩一个'吱吱鞋大作战'的游戏。在游戏中要完成老师交代的任务，加油呀！"

2. 游戏：吱吱鞋大作战

第一关：练习吱吱鞋动作

游戏规则：教师给每组幼儿发一个吱吱鞋，每个幼儿都踩在吱吱鞋上跳着到达终点，如图 3-31-1 所示。

游戏示范：教师指导幼儿进行游戏。

注意事项：教师留意平衡能力弱的幼儿，避免其摔倒。

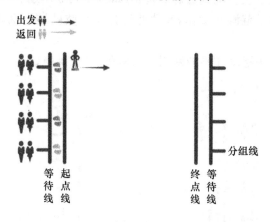

图 3-31-1

第二关：吱吱鞋大作战之运送物品

游戏规则：教师在每组幼儿前摆放每组人数两倍的六色盘，每个幼儿从起点出发，拿一个六色盘，踩着吱吱鞋跳到终点，然后把六色盘套在标志桶上，脱下吱吱鞋跑着返回起点，最后把吱吱鞋交给下一个幼儿，自己站到队尾。看一看哪组最先完成，如图 3-31-2 所示。

游戏示范：教师先做一次示范，注意个别动作不标准的幼儿，应及时纠正其动作。

注意事项：教师提醒幼儿不要过于着急，容易摔倒。

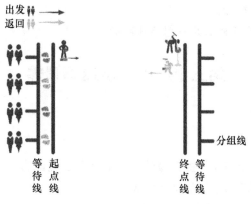

图 3-31-2

第三关：吱吱鞋大作战之过障碍运送物品

游戏规则：师："你们都是非常出色的小战士，给自己鼓鼓掌！不过真正的战士是要经得起战争考验的。接下来，任务会更艰巨了，加油吧，战士们！"教师在每条跑道上摆放三根泡沫面条，每根泡沫面条间隔3米。幼儿依次出发，还是把六色盘放到终点的标志桶上，脱下吱吱鞋跑着返回起点，如图3-31-3所示。

游戏示范：教师示范游戏动作，和幼儿讨论踩在吱吱鞋上面该怎么做才能跳得又快又稳。

注意事项：教师提醒幼儿不能踩到泡沫面条，以免滑倒。

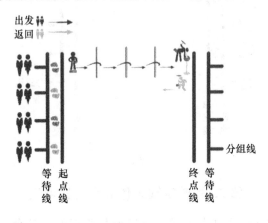

图 3-31-3

(三) 结束部分

（1）活动小结：教师带领幼儿一起回顾掌握的新技能，即掌握踩吱吱鞋跳跃过障碍物的技巧，并简单总结活动情况。

（2）放松活动：组织幼儿找到一个好朋友面对面、手拉手，教师播放放松操音乐，教师和幼儿一起跳放松操。

（3）整理器械：教师和幼儿一起整理器械。

第三十二节　急速海绵棒

一、活动目标

（1）通过跑、跳、投等动作提升身体的灵活性和反应能力。

（2）在体育游戏活动中增强合作意识。

（3）愿意挑战自我，喜欢参加体育游戏。

二、活动重点

在游戏中锻炼快速反应能力。

三、活动难点

能根据游戏的变换快速调整身体动作。

四、活动准备

(1) 经验准备：有过自由探索海绵棒玩法的经验。
(2) 物质准备：音乐、海绵棒（每个幼儿一根）。

五、活动过程

（一）开始部分

(1) 队列练习：幼儿在教师手势和口令的指引下跟随音乐"骑马"进场，并站好体操队形。
(2) 热身操：播放热身音乐，师生一起跳热身操，教师着重带领幼儿活动脚踝、腰和小腿。
(3) 队列准备：幼儿从两侧分为四队进场，面向教师列为四队。

（二）基本部分

1. 创设情境，导入活动。

教师导入游戏环节："现在，我们每人手里都有一根海绵棒，让我们一起和它做游戏吧！"

2. 游戏：急速海绵棒

第一关：小兔过桥

游戏规则：幼儿每人一根海绵棒，两两结组，分为四队，并双手拉好海绵棒的两端放在地上，跟随音乐的指令变换不同的动作。如图 3-32-1 所示。
游戏示范：教师请两位幼儿示范游戏动作并进行指导，然后引导幼儿开始游戏。
注意事项：教师提醒幼儿跟随指令快速变换动作。

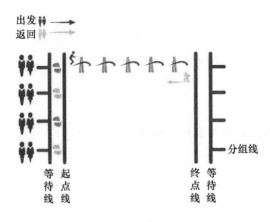

图 3-32-1

第二关：急速海绵棒

游戏规则：幼儿人手一根海绵棒，两两结组，两名幼儿间隔一根海绵棒的距离，幼儿将海绵棒立好后快速跑到对面，扶住对方的海绵棒，游戏循环进行若干次。如图 3-32-2 所示。

游戏示范：两名教师示范游戏的动作要领，然后指导幼儿游戏。

注意事项：教师注意帮助幼儿调整间距，指导幼儿提高奔跑速度。

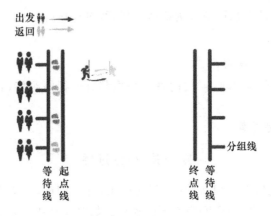

图 3-32-2

第三关：横 扫 千 军

游戏规则：两名幼儿面对面站好，一名幼儿手拿海绵棒在地上来回扫，另一名幼儿要迅速跳过海绵棒，连续进行 10 次后双方轮换位置。游戏进行若干次后停止。如图 3-32-3 所示。

游戏示范：两名教师示范动作，然后引导幼儿游戏。

注意事项：教师提醒幼儿要找好起跳的时机，挥棒的幼儿也要逐步加快自己的速度。

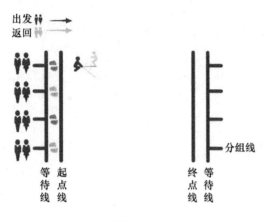

图 3-32-3

（三）结束部分

（1）活动小结：教师带领幼儿一起回顾掌握的新技能，即通过跑、跳、投等动作提升幼儿身体的灵活性和反应能力，简单总结活动情况。

（2）放松活动：组织幼儿找到一个好朋友面对面、手拉手，教师播放放松操音乐，教师和幼儿一起跳放松操。

（3）整理器械：幼儿"骑马"将器材（海绵棒）送回原位，教师和幼儿一起整理器械。